DON BOSCO
VERLAG

Meinem Freund und Wegbegleiter
Erwin Möde
dankbar zugeeignet

Eugen Biser

Überwindung der Glaubenskrise

Wege zur spirituellen Aneignung

DON BOSCO

Die Deutsche Bibliothek – CIP-Einheitsaufnahme

Biser, Eugen:
Überwindung der Glaubenskrise : Wege zur spirituellen Aneignung /
Eugen Biser. – 1. Aufl. – München : Don-Bosco-Verl., 1997
ISBN 3-7698-1058-9

verlags
gruppe
engagement

1. Auflage 1997 / ISBN 3-7698-1058-9

Umschlag: Felix Weinold
Gesamtherstellung: Salesianer Druck, Ensdorf

Gedruckt auf umweltfreundlichem Papier.

Inhalt

Vorwort

Die auf die Überwindung der gegenwärtigen Glaubenskrise abzielende Schrift wendet sich an alle, die unter dem Eindruck der sich gegenwärtig vollziehenden Glaubenswende stehen und eine Antwort auf die Frage suchen, was geschehen muss, wenn der Christenheit der Einzug ins kommende Jahrtausend gelingen soll. Im Zentrum des Buches steht demgemäß das Kapitel über die dreifache Korrektur, die im Interesse dieses Wandels angesagt ist und bei der es um die Konzentration auf die identitätsstiftende Mitte, um die Vergegenwärtigung der zentralen Lebensleistung Jesu und um den Durchbruch von der Außen- zur Innensicht des Glaubens geht.

Auf dieses Zentrum zielen die übrigen Gedankenschritte, unterbauend, anbahnend, begründend und auswertend ab. Dem gelten schon die einleitenden Ausführungen zur Zeitanalyse mit ihrem Hinweis auf die zwischen Mensch und Christentum bestehende Schicksalsgemeinschaft, ebenso aber auch die anschließenden Überlegungen zum Thema der Glaubenserweckung, zum Konzept einer therapeutischen Theologie, zum Recht einer christlichen Esoterik, zur Rolle des inwendigen Lehrers und zum Profil einer Theologie des Herzens. Den Abschluss bildet ein Plädoyer für die „Neuzeit" des Glaubens, das die Umrisse des von den erzielten Ergebnissen getragenen Glaubensbewusstseins entwirft. Wenn der Hebräerbrief auf einem seiner Höhepunkte versichert: „Jesus Christus ist derselbe, gestern, heute und in Ewigkeit" (13,8), spricht er sich mit aller Deutlichkeit dafür aus, dass der Glaube nur dann seiner in die Ewigkeit reichenden Zukunft versichert sein kann, wenn er seine gestrige Gestalt in die heutige überführt, um die morgigen Herausforderungen bestehen zu können. Zu diesem

Bewusstsein möchte die vorliegende Abhandlung den Glauben erwecken. Wiederholungen, die sich aus der separaten Entstehung der einzelnen Kapitel erklären, konnten aus kontextuellen Gründen nicht immer beseitigt werden, so dass sie den Gedankengang nun nach Art von Leitmotiven, wohl auch zugunsten der Lesbarkeit, durchziehen.
Wie schon die Titelwahl erkennen lässt, ist das vorliegende Buch auf die im gleichen Verlag erschienene „Überwindung der Lebensangst" abgestimmt. Ihr lag die Überzeugung zugrunde, dass nicht, wie allgemein angenommen, der Unglaube, sondern die Angst als der wahre Gegensatz des Glaubens zu gelten hat. Insofern ging es ihr um die Erkundung der Möglichkeitsbedingungen für den Glauben in dieser von Ängsten umgetriebenen Zeit.
Darauf baut die vorliegende Studie auf. Ihr geht es zentral um den Nachweis, dass nach einer Zeit, die MARTIN BUBER als die der „Gottsfinsternis" bezeichnete, deutliche Anzeichen auf den Anbruch eines neuen Morgens schließen lassen. Indem sie den Blick dafür öffnet, sucht sie der herrschenden Resignation zu wehren und zu neuer Glaubensbereitschaft zu ermutigen.

München, Pfingsten 1997 *Eugen Biser*

Unterwegs zum Glauben

Der Mensch im Spannungsfeld der Zeit

Der Mensch als Frage

Woher kommen wir, wohin gehen wir, wo ist der Eingang zum verlorenen Paradies – so fragt der Mensch seit Urzeiten. Und indem er so fragt, bekennt er sich zu der ihn umtreibenden Fragwürdigkeit seines Daseins. Denn er ist eine trotz aller Deutungsversuche immer noch unbeantwortete Frage, ein trotz aller Leistungen noch immer uneingelöstes Versprechen.[1] Deshalb ist sein ganzes Streben eine fortwährende Suche nach dem verlorenen Paradies, wenngleich nur in der kompensatorischen Form, dass er sich in den Hervorbringungen seiner Zivilisation und Technik Ersatzparadiese schafft. Eben deshalb sucht er in allen Ausdrucksformen seines Geistes, also in aller Philosophie, Wissenschaft, Literatur und Kunst, letztlich nach der vollgültigen Antwort auf die Frage, die er nicht so sehr stellt als vielmehr ist.
Die Paradoxie seiner Situation aber bringt es mit sich, dass er ebenso dazu gedrängt wie daran gehindert ist, diese für ihn lebenswichtige Frage zu stellen. Gedrängt durch seine Verfassung, die von ihm unter den aktuellen Bedingungen seines Daseins brennender erfahren wird als je zuvor. Denn wie kaum einmal bisher wird er trotz allen Wohlstands seines Lebens nicht froh. Eine „so noch nie gewesene Lebensangst" ist nach einem Wort des Existenzphilosophen Karl Jaspers zu seinem unheimlichen Begleiter geworden. Gleichzeitig

---

[1] Dazu E. Biser, Der Mensch – das uneingelöste Versprechen. Entwurf einer Modalanthropologie, Düsseldorf 1995.

hat sich seiner eine resignative Grundstimmung bemächtigt, die, auf ihre Ursache zurückverfolgt, dem Selbstzerwürfnis entstammt, dem er seit dem Einbruch der großen Identitätskrise zur Zeit der Romantik zunehmend verfallen ist. Sie presst ihm die Frage „Wer bin ich?“ aus, die seither von allen Wänden des Zeitalters widerhallt.

Die Lebenswelt

Nicht weniger fühlt er sich aber auch daran gehindert, nach sich und seinem Lebenssinn zu fragen. Denn die ihn umgebende Lebenswelt hat es geradezu darauf angelegt, ihn von sich selbst abzuhalten. Sie bewirkt dies zunächst schon durch den ständig eskalierenden Pluralismus ihrer Hervorbringungen, der ihm eine verbindliche Orientierung erschwert, sodann durch den auf ihn ausgeübten Leistungs- und Konsumzwang, der ihn funktionalisiert und dadurch in die Selbstentfremdung treibt, vor allem aber durch die Abkehr von der Tradition der Wahrheitssuche zugunsten eines kollektiven Hedonismus, also durch die Verdrängung PLATONS durch EPIKUR, die alles dem Lustprinzip zu unterwerfen und alles Gegenstrebige, wie insbesondere Angst und Tod, systematisch aus der herrschenden Lebenswelt auszublenden sucht.

Deshalb wird sich die Zukunft des Menschen daran entscheiden, ob die Verdrängungskünste des Zeitalters gegen sein elementares Wissen um seine Hinfälligkeit und Todverfallenheit aufkommen. Es ist die Frage, ob die Illusion über die Wahrheit siegt. Für diese von ALDOUS HUXLEY in seiner „Brave New World“, von GEORGE ORWELL in seiner Schreckensutopie „1984“ und von FRANZ WERFEL in seinem „Stern der Ungeborenen“ beschworene Möglichkeit spricht, abgesehen von den politischen und technischen Entwicklungen, nicht zuletzt die rapide Eskalation der Medienszene, die in ihrer Fernwirkung darauf ausgeht, den Rezipienten in eine Kopie seiner selbst zu verwandeln. Kaum hätte die damit angesprochene Gefahr aktueller hervorgehoben werden können als durch die Tatsache, dass kurz vor Erreichung der Jahrtausendwende die Klonierung des Menschen in den Bereich des Machbaren geraten ist. Treffsicher kontrastierte NEIL POSTMAN die Utopie Huxleys mit Orwells Schreckensvorstellung in der Feststellung: „Orwell fürchtete diejenigen, die Bücher verbieten, Huxley befürchtete, dass es eines Tages keinen Grund mehr geben könnte, Bücher zu verbieten, weil keiner mehr da ist, der Bücher lesen will. Orwell fürchtete jene, die uns Informationen vorenthalten, Huxley fürchtete jene, die uns mit Informationen so sehr überhäufen, dass wir uns vor ihnen nur in Passivität und Selbstbespiegelung retten können. Orwell befürchtete, dass die Wahrheit vor uns verheimlicht werden könnte, Huxley befürchtete, dass die Wahrheit in einem Meer von Belanglosigkeiten untergehen könnte.“ [2]

In dem kurz vor seinem Tod vollendeten Roman „Der Stern der Ungeborenen“ entwarf WERFEL das Schreckensszenario einer mediatisierten und klonierten Menschheit, die signifikante Tendenzen der Gegenwart, wie insbesondere die der Todesverdrängung, zum absurden Exzess treibt und dadurch ihren Untergang heraufbeschwört. Das als warnende Parodie auf DANTES Göttliche Komödie angelegte Werk besticht durch seine hellsichtige Zeitanalyse, die dieser „Reiseroman“ wie in einem gigantischen Zerrspiegel darstellt. Den Höhepunkt bildet der hadesartige „Wintergar-

2 N. POSTMAN, Wir amüsieren uns zu Tode. Urteilsbildung im Zeitalter der Unterhaltungsindustrie, Frankfurt 1985, 7f.

ten", in dem sich die lebensüberdrüssig Gewordenen in „Wiegengräbern" einer umgekehrten Evolution unterwerfen und, nicht ohne fatale Fehlleistungen, zu Blumen auf riesigen Margaritenfeldern zurückgebildet werden. Dazu bemerkt THOMAS MANN: „Die skurril-ängstigenden Szenen und Geschehnisse in der Unterwelt, im inneren Hohlraum der Erde mit ihrer dumpf-albtraumhaften Atmosphäre sind als Phantasieleistungen unübertroffen in aller Literatur, und das sonderlich Anziehende, Anregende und Bedeutende des Werkes bestand für mich gerade in seinen geheimen Beziehungen zur Weltliteratur ..., und zwar in seiner ausdrücklichen Eigenschaft als „Reiseroman". Als solcher erinnert er mich an Defoe sowohl wie an Swift wie an Dante, an diesen am absichtlichsten, wenn auch nicht am glücklichsten, denn zum Unterschied von ihm, immerhin, hat es keine rechte Sprache."[3]

Gegen diese bedrohliche Prognose erhebt freilich das Zeitalter mit seiner zentralen Botschaft Einspruch; denn dieses blutigste Jahrhundert der bisherigen Menschheitsgeschichte spricht mit unüberhörbarer Eindringlichkeit für die Allgegenwart des Todes. Und nicht minder deutlich spricht dieses Jahrhundert der sich jagenden Ängste für die Unausweichlichkeit der Lebensangst. Mag diese Botschaft auch vom Lärm der Vergnügungsindustrie, vom Illusionierungseffekt der Medien und von der Desorientierung der Postmoderne überlagert werden, so schlägt sie doch in den Grenzsituationen des Lebens mit übermächtiger Wucht durch, so dass sich der Betroffene unausweichlich vor die Frage nach dem Sinn des Daseins gestellt sieht. Wer wird ihm antworten?

---

[3] TH. MANN, Die Entstehung des Doktor Faustus, Frankfurt 1949, 141; dazu P. ST. JUNGK, Franz Werfel. Eine Lebensgeschichte, Frankfurt 1987, 312ff; 328ff; 334f.

Die Schicksalsgemeinschaft

Auf die richtige Spur kann ihn die Einsicht in die Schicksalsgemeinschaft bringen, in der er mit der Kirche und dem Christentum steht. Denn diesen ist offensichtlich nur mit einem mündigen und zu sich selbst erwachten Menschen geholfen, während umgekehrt der Mensch die vollgültige Antwort auf seine Sinnfrage und damit das Stichwort seiner Selbstwerdung nur von jener Religion zu erwarten hat, welche die Gottesoffenbarung am vollkommensten zur Sprache bringt. Denn der Mensch ist zwar das allseits bedingte Wesen, das aber ungeachtet seiner Bedingtheit nur im Unbedingten sein Genüge findet. Er braucht somit ein Wissen um Gott, wenn er zu sich selbst kommen soll. Denn er ist, zumindest seinem christlichen Verständnis zufolge, mit seiner Sinnspitze ins Gottesgeheimnis eingeschrieben.
Wenn ihm das zur Selbstwerdung verhelfende Stichwort zugerufen werden soll, muss somit Gott aus dem Dunkel seiner Verborgenheit hervortreten und sein ewiges Schweigen brechen, um ihm – im doppelten Sinn des Wortes – zu sagen, wer er ist. Denn in der Selbstzusage Gottes ist der Mensch mitgemeint, so wie in jedem vollgültigen Satz über Gott der Mensch mitgesagt ist. Bekanntlich gehen die drei Abrahamsreligionen Judentum, Christentum und Islam in der Überzeugung einig, dass Gott die Menschheit nicht der Erhellungskraft der Vernunft überlassen hat, weil diese zwar die „Welträtsel“ zu lösen, nicht jedoch die menschliche Sinnfrage zu beantworten vermag. Deshalb gehen diese drei Offenbarungsreligionen davon aus, dass Gott dem Menschen in seiner ureigenen Ratlosigkeit dadurch zu Hilfe kam, dass er sich ihm zu verstehen gab und mitteilte. Was sie ungeachtet aller Differenzen miteinander verbindet, ist somit der gemeinsame Glaube an die Gottesoffenbarung.

In der konkreten Vorstellung jedoch von dem, was Offenbarung besagt, gehen sie weit auseinander. Denn für das Judentum besteht diese in der Mitteilung des Gesetzes und, als dessen Voraussetzung, in der des göttlichen Namens. Für den Islam besteht sie in der – in der „Nacht der Macht" erfolgten – Sendung des Koran. Für das Christentum dagegen in der Menschwerdung Gottes, die sich schon vom Begriff her auf das Problem der menschlichen Sinn- und Selbstsuche bezieht. Damit ist durch die christliche Position zwar eine Hoffnungsperspektive eröffnet, aber auch nicht mehr. Wenn sie sich bestätigen soll, muss sie nicht nur verifiziert, sondern auch gegen Eintrübungen und Einreden von innen und außen abgesichert werden.

Die Sektenszene

Für die äußeren Irritationen gilt die vielfach erhärtete Tatsache, dass dort, wo der Gottesglaube erlahmt, der Aberglaube ins Kraut schießt. Damit sah sich das Christentum schon in seiner ersten Stunde konfrontiert, als im Gefolge des verfallenden Götterglaubens ein lähmender Fatalismus um sich griff, dem dann Paulus, höchst effektiv, seine Botschaft von der durch Christus gestifteten Hoffnung und Freiheit entgegenhielt. Und damit verhält es sich heute nicht anders, wie uns ein Blick in die inner- und außerkirchliche Sektenszene zeigt.
Soweit sie auf traditionelle Gruppierungen zurückgreift, kann man sich mit ihr abfinden; anders, sofern sie wahnhafte Züge aufweist oder auf ihre Anhänger psychischen und sozialen Zwang ausübt und insofern dem Grundrecht auf Freiheit entgegensteht. In diesem Fall ist kritische Wachsamkeit auch dort geboten, wo sich derartige Tendenzen im eige-

nen Raum der Kirche abzeichnen und die lebenswichtige „Einheit des Glaubens" (Eph 4,13) gefährden.[4]
Zu kritischer Selbstprüfung sind die Kirchen dagegen durch jene zahlreichen Formen esoterischer und pseudomystischer Sekten aufgefordert, die ihren wachsenden Zuspruch dem verbreiteten Eindruck verdanken, dass sie, die Kirchen, trotz ihres Reichtums an mystischen Traditionen dem Bedürfnis der Gläubigen nach spiritueller Vertiefung nur unzulänglich entsprechen. Das ist keine Frage der Pastoration und Pädagogik, sondern, wie sich hier erstmals zeigt, der Identität. Denn das Christentum ist, entgegen seiner fast durchgängigen Einschätzung, im Unterschied zum Judentum *keine moralische,* sondern *eine mystische* Religion. Deshalb trifft es keineswegs zu, dass es in der Neuzeit definitiv in sein moralisches Stadium eingetreten sei, so dass es dem heutigen Menschen nur noch als Ethik vermittelt werden könne (TRILLHAAS). Wer sich dieser Ansicht verschreibt, überhört die Warnung NIETZSCHES, der in seiner „Genealogie der Moral" voraussagte, dass das gegenwärtige Christentum genauso an seiner Moral zugrundegehen werde, wie es beim Verlust der Glaubenseinheit „als Dogma" zugrundegegangen sei.

Die Unterscheidung

Doch das Christentum ist, wie in der Abgrenzung vom Buddhismus deutlich wird, auch *keine asketische,* sondern *eine therapeutische* Religion. Denn im Gegensatz zu LESSINGS berühmter Spätschrift geht es ihm nicht so sehr um die Erziehung als vielmehr um die Heilung und Erhebung des Menschen. Zu Beginn seiner „Erziehung des Menschenge-

4 Dazu H. HEMMINGER, Was ist eine Sekte?, Mainz 1995.

schlechts" (1777) entwickelt Lessing einen Begriff von Offenbarung, der bei allem Willen, ihre Sache in die Zeit der Aufklärung hineinzuretten, ihren Sinn doch entscheidend verfehlt: „Was die Erziehung bei dem einzelnen Menschen ist, ist die Offenbarung bei dem ganzen Menschengeschlechte (§ 1). Erziehung ist Offenbarung, die bei dem einzelnen Menschen geschieht: und Offenbarung ist Erziehung, die dem Menschengeschlechte geschehen ist und noch geschieht (§ 2). Erziehung gibt dem Menschen nichts, was er nicht aus sich selbst haben könnte: sie gibt ihm das, was er aus sich selber haben könnte, nur geschwinder und leichter. Also gibt auch die Offenbarung dem Menschengeschlechte nichts, worauf die menschliche Vernunft, sich selbst überlassen, nicht auch kommen würde: sondern sie gab und gibt ihm die wichtigsten Dinge nur früher" (§ 4).[5]
Bei aller Bemühung, die menschliche Sittlichkeit zu verinnerlichen und auf das Prinzip Liebe zu begründen, sieht Jesus, der abschließende Vermittler der Gottesoffenbarung, in dieser doch keine Form einer göttlichen Pädagogik, sondern den Inbegriff einer ebenso ungeschuldeten wie uneinklagbaren Selbstmitteilung Gottes, bei der es ebenso um die Entsiegelung der „Tiefen der Gottheit" wie um die Beantwortung der menschlichen Sinnfrage geht.

Die Gottesfrage

An der Beantwortung der Gottesfrage entscheidet sich das Schicksal jeder Religion. Was im einen Fall daran offenbleibt, bedingt die Entstehung anderer, die darauf kompetenter zu

---

5 Dazu B. Bothe, Glauben und Erkennen. Studie zur Religionsphilosophie Lessings, Meisenheim am Glan 1972, 133–210.

antworten suchen. Dabei lassen sich drei revolutionäre Umbrüche ausmachen. Ein erster führte von der gestaltlosen Fühlung eines numinosen Elements im Weltengrund zur Ausgrenzung einzelner Göttergestalten, in denen sich das dunkel geahnte Göttliche vielfach brach. Den zweiten führte das religiöse Ingenium Israels mit der Entdeckung des einen personalen Gottes herbei, der der von ihm hervorgerufenen Welt als transzendenter Herr und Schöpfer gegenübersteht und ihr zugleich innerlicher ist als sie sich selbst. Dabei blieb von dem vielfältigen Götterhimmel, der ebenso hilfreiche wie bedrohliche Gottheiten umfasste, die Ambivalenz, die den Bundesgott Israels ebenso zum Freund und Beschützer wie zum unerbittlichen Richter seines Volkes werden ließ. Den Schatten des Angst- und Schreckenerregenden aus dem Gottesbild der Menschheit getilgt zu haben, ist schließlich die revolutionäre Großtat Jesu, der damit dem Gott der bedingungslosen Liebe Bahn brach. Da aber auch im Judentum, besonders im Umfeld des Prophetismus, erhebliche Tendenzen bestanden, das Moment der Erbarmung und Güte ins Zentrum seines Gottesbegriffs zu rücken, könnte man die Differenz zur jüdischen Gottesvorstellung dahin bestimmen, dass es dem Judentum um den bedingt, dem Christentum dagegen um den bedingungslos liebenden Gott zu tun ist. Nur partiell fügt sich dem das Gottesbild des Islam ein, das, christlich gesehen, eher wie ein Anachronismus erscheint. Denn die islamische Gottesvorstellung wiederholt die jüdische, indem sie sich gleichzeitig von der christlichen polemisch absetzt. Deshalb betont die als Glaubensbekenntnis geltende Sure 112: „Er, Gott, ist ein Einziger, Gott durch und durch. Er hat weder gezeugt noch ist er gezeugt worden, und keiner ist ihm ebenbürtig."

Der Spruch hat eine unverkennbar antitrinitarische Spitze. Dennoch lassen sich gerade von ihm aus die Unterschiede der von den drei Offenbarungsreligionen vermittelten Gottesbilder bestimmen. Danach besteht die spezifisch jüdische Sicht des Gottesgeheimnisses in der personalen *Einheit* Gottes, vor der die Vielfalt des vor- und außerjüdischen Götterhimmels zu Nichtigkeiten zerstiebt. Das steigert der Islam zum Begriff der *Einzigkeit* Gottes, der, denkerisch streng gefasst, die Macht dieses Gottes über die ihn so Denkenden und damit den erstaunlichen Zugriff des Islam auf das persönliche und politische Verhalten seiner Gläubigen erklärt. Wie aber stellt sich dann das Proprium des Christentums dar?

Die Eindeutigkeit

Die Antwort auf diese Frage gibt die zentrale Lebensleistung Jesu, die er dadurch anbahnte, dass er das zwischen Güte und Strenge oszillierende Bild Gottes als eine Projektion der menschlichen Lebens- und Geschichtserfahrung ins Gottesgeheimnis entlarvte, und die in ihrem Kern darin bestand, dass er in dessen Tiefe das Antlitz des bedingungslos liebenden Vaters zum Vorschein brachte. Denn Jesus kam nicht, um durch seine Lehre und Wirksamkeit das zu bestätigen, was die Menschheit immer schon von Gott erwartete und befürchtete. Er kam vielmehr, um den aus Sehnsucht und Angst gewobenen Schleier vom Gottesgeheimnis wegzuziehen.

Das bewirkte er dadurch, dass er den Schatten des Angst- und Schreckenerregenden aus dem Gottesbild der Menschheit tilgte, dass er die „Tiefen der Gottheit“ entsiegelte und zumal dadurch, dass er Gott mit der ehrfürchtig-zärtlichen Anrede „Abba – Vater“ anrief. Dadurch erwies er sich als der größte Revolutionär der Religionsgeschichte, wenngleich im Sinne jener „sanften Revolution“, von der erst der freiheitli-

che Aufbruch von 1989 einen Begriff vermittelte: diese Revolution von noch ungeahntem Tiefgang, jedoch ohne Strategie und Führer und zumal ohne Blutvergießen, sodass sich die Historiker beim Versuch, sie zu erklären, entweder zu einem Kausalitätsverzicht oder zur Annahme des Eingreifens einer transzendenten Geschichtsmacht verstehen müssen.
Mit diesem „Abba – Vater" stürmte Jesus den Himmel, durchstieß er die Mauer der göttlichen Unnahbarkeit, überbrückte er den Abgrund der Gottesferne und erschloss er, mit Paulus gesprochen, den Zugang zum Herzen Gottes. Damit wies er der von Gewaltakten und Kriegen heimgesuchten Menschheit den Weg zum Frieden; damit stiftete er in dieser Welt voller Unterdrückung und Zwängen Freiheit; damit stieß er das Tor der Hoffnung auf; damit nahm er das Joch der Sorge von den Schultern der Menschen, und damit riss er die Pfahlwurzeln der Lebensangst aus ihren Herzen. All das lässt sich mit dem Satz auf den Begriff bringen, dass er die *Eindeutigkeit* Gottes entdeckte.
Auch diese wirkt bewusstseinsverändernd auf den Denkenden zurück. Während der ambivalente Gott der Menschheitstradition Gegensinniges zu ihm wie Teufel und Hölle denkbar erscheinen lässt, ist der eindeutige Gott des Evangeliums alternativelos, sodass außer ihm nichts gedacht werden kann, was nicht in einer, wenn auch im Grenzfall noch so gespannten Seinsbeziehung zu ihm steht. Nicht umsonst sieht Paulus das „letzte Kapitel von der Geschichte der Welt" (KLEIST) im Zeichen des „Gott alles in allem".

Mit oder gegen

Zu den unbegreiflichsten Ereignissen der Lebensgeschichte Jesu gehört die Tatsache, dass ihn das Volk, zu dem er sich als Retter in letzter Stunde gesandt wusste, ablehnte und seine Botschaft verwarf. Auch wenn man berücksichtigt, dass er mit ihr die Erwartungen eines militanten Messianismus enttäuschte und durch seine Gesetzes- und Tempelkritik an die Grundlagen der bestehenden Ordnung rührte, ist der Vorgang doch so ungeheuerlich, dass nach tieferen Gründen gefragt werden muss. Sie können nur in einem Bruch im menschlichen Gottesverhältnis vermutet werden. Denn der Mensch steht, ungeachtet der Tatsache, dass er mit seiner Sinnspitze ins Gottesgeheimnis eingechrieben ist, zu Gott, der ihm mit seiner todverfallenen Existenz etwas letztlich Unannehmbares zugemutet hat, zugleich in einem elementaren Spannungsverhältnis. Deshalb verteidigte LUTHER in seiner Heidelberger Disputation vehement den Satz, dass der Mensch im Grunde gar nicht wünschen könne, dass Gott sei, sondern nur, dass er, der Mensch, Gott sei. Das fasste MAURICE BLONDEL in die suggestive Formel: „Der Mensch strebt danach, Gott zu sein. Gott sein mit Gott und durch Gott oder Gott sein ohne Gott und gegen Gott, das ist das Dilemma."

Weil ein vielstimmiges Memento mori durch dieses Jahrhundert geht, hat das „ohne und gegen Gott" in der Gegenwart besonders virulente Formen angenommen. Schon NIETZSCHES Ruf „Gott ist tot" steht im Verdacht, dass er das menschliche Sterbenmüssen auf Gott abzuwälzen sucht. Seither häufen sich die Formen der Absage in einer Weise, dass MARTIN BUBER den Charakter der gegenwärtigen Weltstunde geradezu als den der „Gottesfinsternis" bestimmen konnte.

Das heißt für ihn nicht, dass sich Gott von der Welt abgewandt habe, wohl aber, dass auf Seiten des Menschen eine Sehtrübung eintrat, die ihn das Himmelslicht der Gottesoffenbarung nicht mehr wahrnehmen lässt. Deshalb haben die vehementesten Formen des heutigen Unglaubens eine gegen die Person des Offenbarers, also gegen Jesus gerichtete Spitze. Während sich die in den siebziger Jahren entstandenen Jesusbücher, mit einer Wendung Albert Schweitzers gesprochen, dadurch auszeichneten, dass die „mit Liebe“ geschriebenen die überwiegende Mehrheit bildeten, sind seit einigen Jahren die „mit Hass“ geschriebenen eindeutig in der Überzahl. Weit bedenklicher jedoch ist der Umstand, dass es der Unglaube aufgegeben hat, sich kritisch oder gar polemisch auf den Glauben zu beziehen und statt dessen zur Tagesordnung im Sinn einer Selbstverständlichkeit übergegangen ist. Das muss mit Veränderungen im Zeitgeschehen und im menschlichen Selbstverhältnis zu tun haben, dem nun genauer nachgegangen werden soll.

Das Zeitbild

Wenn sich der Glaube, wie Buber betont, in der Gotteswirklichkeit einzuwurzeln sucht, ist ihm nichts so abträglich wie die Erschütterung im Wirklichkeitsgefüge. Sie aber steht offenkundig im Kern dieser ebenso utopischen wie rückschlägigen Zeit. Denn auf der einen Seite ist ein geradezu stürmischer Fortschritt zu verzeichnen, der zunehmend das, was gestern noch Traum und Utopie war, in Realitäten umsetzt und dadurch den Boden der Wirklichkeit erweitert. Auf der anderen Seite betreibt die das Gesicht des kommenden Jahrtausends überwiegend prägende Medientechnik einen progressiven Wirklichkeitsentzug, sodass das Zeitalter mit der einen Hand nimmt, was es mit der andern zu geben schien. Das zieht unvermeidlich einen Zusammenbruch der alten Orientierungsformen nach sich. Nach der Diagnose des Medizinhistorikers Horst Baier hat neuerdings Epikur der über zwei Jahrtausende währenden Vorherrschaft platonischen Gedankenguts ein Ende gesetzt und die Wahrheitssuche durch das Genuss- und Lustprinzip verdrängt. In ähnlichem Sinn votierte Max Weber mit der Prognose: „Die alten vielen Götter, säkularisiert und zu unpersönlichen Mächten geworden, entsteigen ihren Gräbern und streben nach Macht über unser Leben, und beginnen dann wieder ihren alten Kampf.“ [6]

Hier geht es freilich nicht wie bei Baier um einen Wandel der Grundorientierung, sondern um einen Umbruch der Denkformen. Im gegenwärtigen Verfall der Rationalität brechen Formen des archaischen Bilddenkens und mythische Vorstellungen durch, die sich mit der Verdrängung der Realität durch deren bloße Reproduktion im Fernsehen verhängnisvoll amalgamieren. In diesem Vorgang, der ebenso ins Wirklichkeitsgefüge wie in die Orientierungs- und Denkformen eingreift, nisten die Kräfte, die den Glauben erschweren und dem Unglauben Vorschub leisten.

Unter dieser Voraussetzung haben die Surrogate Hochkonjunktur. So auch im Feld der Religion. Denn der Mensch bleibt bei der Absage, also bei dem „gegen Gott“ nicht stehen; er schafft sich Ersatz, und dies vor allem in Form der von ihm selbst hervorgebrachten „Götter“, die zunehmend den Raum des Religiösen besetzen: Konsum, Prestige, Vergnügen. Dabei erweist sich vor allem die Vergnügungsindustrie mit ihren verführerisch angebotenen Versprechungen als Todfeind der für die religiösen Vollzüge unerlässlichen Stille. Sie versetzt den Menschen in eine permanente Hektik, die ihn nicht mehr zu sich selbst kommen lässt.

---

6 M. Weber, Wissenschaft als Beruf (1919), in: Gesammelte Schriften zur Wissenschaftslehre, Tübingen 1973, 605.

Das Selbstzerwürfnis

Wie der Mensch in einer Schicksalsgemeinschaft mit Christentum und Kirche steht, so auch in einer Wechselbeziehung zur Zeit. Ihrem gespaltenen Erscheinungsbild entsprechend ist er das utopisch-anachronistische Wesen. Utopisch, weil er seine natürlichen Fähigkeiten mit Hilfe technischer „Prothesen" vielfältig überbietet. Dazu schreibt SIGMUND FREUD in seinem „Unbehagen in der Kultur": „Er hatte sich seit langen Zeiten eine Idealvorstellung von Allmacht und Allwissenheit gebildet, die er in seinen Göttern verkörperte. Ihnen schrieb er alles zu, was seinen Wünschen unerreichbar schien – oder ihm verboten war. Man darf also sagen, diese Götter waren Kulturideale. Nun hat er sich der Erreichung dieses Ideals sehr angenähert, ist beinahe selbst ein Gott geworden. Freilich nur so, wie man nach allgemein menschlichem Urteil Ideale zu erreichen pflegt. Nicht vollkommen, in einigen Stücken gar nicht, in anderen nur so halbwegs. Der Mensch ist sozusagen ein Prothesengott geworden, recht großartig, wenn er alle seine Hilfsorgane anlegt, aber sie sind noch nicht mit ihm verwachsen und machen ihm gelegentlich noch viel zu schaffen." [7]

Doch dieser Mensch, der nach Freud im Begriff steht, sich dem Zielbild des Göttlichen anzunähern, verfiel in diesem Jahrhundert der Diktaturen und der blutigsten Kriege der bisherigen Menschheitsgeschichte zugleich in Abgründe tiefster Barbarei. Deshalb dürfte die ihn durchdringende Lebensangst nicht zuletzt seinem Erschrecken vor sich selbst entstammen. Dem ging KIERKEGAARD in seiner „Krankheit zum Tode" dadurch auf den Grund, dass er dort den Zwie-

---

[7] S. FREUD, Das Unbehagen in der Kultur und andere kulturtheoretische Schriften, Frankfurt 1994, 57.

spalt zwischen verzweifelter Selbst-Sucht und nicht minder verzweifelter Selbstverweigerung entdeckte, der den Menschen in ein fundamentales Selbstzerwürfnis versetzt. Das ist die Einbruchstelle des von NIETZSCHE beschworenen Geistes der Schwere, der mit seinen Einflüsterungen die Trost- und Frohbotschaft des Evangeliums in ihr Gegenteil verkehrt, die Einbruchstelle des resignativen Lebensgefühls, das sich lähmend auf alle Initiativen legt und zumal die Einbruchstelle der Lebensangst, die den Menschen von seiner Umwelt isoliert, die ihn vereinsamt und die ihm zugleich den Blick in die Zukunft verstellt. In hellsichtiger Analyse bemerkte WERNER BERGENGRUEN zu dieser „teuflischen Mitgift des Menschengeschlechtes": „Ständig liegt sie auf der Lauer, um sich der Menschen zu bemächtigen und sie sich dienstbar zu machen; und ein höllischer, dem eigenen Leben feindlicher Drang im Inneren des Menschen strebt ihr gierig entgegen. Sie ist erfinderisch. Jeweils wählt sie sich die Verkleidung, die ihren Opfern am schrecklichsten einleuchtet, weil sie den Meinungen des Zeitalters angemessen ist. Zu anderen Zeiten stürzt sich das Furchtbedürfnis der Menschen auf Kriegsgefahren, auf eine drohende Verschlechterung des Geldes, auf Armut und Hunger, auf allgemeine und leicht übertragbare Krankheiten, auf heranreifende staatliche Umwälzungen und Verfolgungen, endlich auf einen in naher Zukunft erblickten Zusammensturz aller vertrauten, bewährten und geliebten Gestaltungen des geistigen und gesellschaftlichen Daseins. Und hier ist noch nicht einmal jener Furcht gedacht, die je und je dunkel in der Brust des einzelnen aufbegehrt und sein eigenes Geschick oder das der ihm Nächststehenden zum Gegenstande hat."[8]

---

8 W. BERGENGRUEN, Am Himmel wie auf Erden, Zürich 1947, 37f.

Im Blick auf diese hochaktuelle Diagnose erhebt sich die Frage: Müsste eine effektive Glaubensvermittlung nicht an diesen Befund anknüpfen? Doch ist sie dazu überhaupt fähig? Grundsätzlich wäre sie dazu zweifellos in der Lage, sofern sie nur auf die Neuentdeckung Gottes zurückgriffe, in der die zentrale Lebensleistung Jesu besteht. Denn durch sie beschenkte er, wie sich in der Folge noch klarer zeigen wird, die Menschheit mit dem Gott, der nicht gefürchtet werden darf, weil er als der Gott der bedingungslosen Liebe nicht gefürchtet werden will. Und damit riss er, wie nicht nachdrücklich genug herausgestellt werden kann, die Pfahlwurzel der tiefsten aller Ängste, der Gottesangst, aus den Herzen der Menschen. Doch wie kann dieser Rückgriff gelingen?

Sicher nicht durch bloße Anempfindung an das, was sich in der Rückbesinnung auf die Großtat Jesu als die Mitte seiner Botschaft entschleiert. Denn diesem Weg setzen sich schwere Barrieren, sowohl in Form der Lehrgestalt wie der kirchlichen Disziplin, entgegen. Erforderlich ist statt dessen eine Theologie, die gleicherweise von der Heilsbedürftigkeit des Menschen wie von der Heilkraft der Botschaft ausgeht und die als eine genuin therapeutische den Schulterschluss von Begründung und Vermittlung bewerkstelligt. Damit ist das Profil einer therapeutischen Theologie erfragt. Zuvor aber muss der angesprochenen Schicksalsgemeinschaft von Mensch und Christentum genauer nachgegangen und die Frage nach dem für beide ausschlaggebenden Identitätsproblem aufgeworfen werden.

Die Erweckung des Glaubens

Das Christentum in der Identitätskrise

Zu Beginn der fünfziger Jahre, als die schlimmsten Nachwehen des Zweiten Weltkriegs verwunden waren und die Menschen des „freien Westens" wieder Hoffnung zu schöpfen begannen, erschreckte MARTIN BUBER die religiöse Welt mit den Worten: „Verfinsterung des Himmelslichts, Gottesfinsternis ist in der Tat der Charakter der Weltstunde, in der wir leben."[9] Gleichzeitig verwarf er den Versuch, dieses Unheil einem Versagen der „das Geheimnis erschließenden Kraft innerhalb des Erdendenkens", also der Gottesunfähigkeit der menschlichen Vernunft, anzulasten. Wie es seinem jüdischen Gottesverständnis entsprach, vermutete er die Ursache vielmehr in einer Verstörung der Beziehung zu Gott und des Sinns für seine wahrnehmbare Nähe.

Vor das gleiche Problem sah sich aber auch schon das gnostische Evangelium Veritatis gestellt. Es sah gleichfalls die Ursache der Gottesverhüllung in einem Geschehen zwischen der verfinsterten Sonne und dem menschlichen Auge. In den Eingangssätzen beklagt es die Unkenntnis des väterlichen Angesichts Gottes, die allenthalben Furcht und Schrecken ausgelöst habe. Von diesen aber heißt es: „Das Erschrecken verdichtete sich zu einer Art Nebel, aus dem niemand heraussehen konnte." Auf die heutige „conditio religiosa" angewendet, reißt die Stelle den tiefsten Grund der herrschenden Glaubens- und Kirchenkrise auf; denn das Unglück der Christenheit besteht unzweifelhaft darin, dass

---

9 M. BUBER, Gottesfinsternis. Betrachtungen zur Beziehung zwischen Religion und Philosophie (Zürich 1953), 31.

ihr, wie REINHOLD SCHNEIDER bestätigte, das Antlitz des Vaters „ganz unfassbar“ geworden ist.

Genauer als mit der das Vaterantlitz Gottes verhüllenden Nebelwand könnte die gegenwärtige Situation kaum beschrieben werden. Denn der Nebel steigert, wie HERMANN HESSE in seinem Herbstlied sagt, die Einsamkeit des Menschen. Dabei ist die Einsamkeit, genauer besehen, die soziale Erscheinungsform der Angst, so wie diese als die Innenseite der Einsamkeit zu gelten hat. Angst ist aber die Grundbefindlichkeit des heutigen Menschen. Es ist dieses durchdringende Angstgefühl, das den Lebenswillen des heutigen Menschen untergräbt, so dass er sich auf kein Wagnis mehr einlassen möchte, vor jeder Festlegung zurückschreckt, und, wie PAUL VALÉRY feststellte, mit dem Rücken zur Zukunft lebt.[10] Und nicht weniger liegt darin die Ursache, dass er, ungeachtet seines Wohlstands und der zahlreichen Vergünstigungen der gegenwärtigen Lebenswelt, seines Lebens nicht froh zu werden vermag. So erleidet er einen emotionalen Zersetzungsprozess, der ihn einer resignativen Grundstimmung und Seinsverdrossenheit verfallen lässt.

Das ist die Wunde, in die das Christentum das Öl und den Wein des barmherzigen Samariters gießen müsste. Nach der Bilanz, die OSKAR PFISTER in seinem Spätwerk „Das Christentum und die Angst“ (1944) zog, geschah und geschieht jedoch das Gegenteil: Wie auf geheime Verabredung versuchen sämtliche Konfessionen, ihre Anhänger durch die Suggestion von Gewissens- und Bestrafungsängsten, zur Akzeptanz ihres Heilsangebots zu bewegen, anstatt ihnen die angstüberwindende Botschaft des Evangeliums nahezubringen.

---

[10] K. LÖWITH, Paul Valéry. Grundzüge seines philosophischen Denkens (Göttingen 1971), 99.

Der Geist der Schwere

Im religiösen Bereich nimmt dieser Befund jedoch noch schärfere Konturen an. Als Schlüssel für ihre Bestimmung drängt sich geradezu NIETZSCHES Begriff vom „Geist der Schwere" auf, dem er in seinem „Zarathustra" die ganze Kette der den Menschen bedrückenden Faktoren zuschreibt: „Zwang, Satzung, Not und Folge und Zweck und Wille und Gut und Böse." Dabei geht es ihm offensichtlich um die Verdeutlichung der menschlichen Heteronomie, die nach seiner Lehre von den drei Verwandlungen als die im Kamel versinnbildete unterste Daseinsstufe zum Ziel der Autonomie (Löwe) und Integration (Kind) überschritten werden muss. Diese Bestimmung schlägt im Blick auf die religiöse Situation besonders zu Buche, weil sich daraus eine ganze Reihe von verstörenden Entwicklungen erklärt: die Fesselung der Freiheit durch verfügte Normen, die – schon von LUTHER befürchtete – Verwandlung des Evangeliums in ein Gesetzbuch, die Vertauschung des Dialogs mit einer Sprache der Dekrete, die Funktionalisierung des Heilsgeschehens, die Verwechslung des religiösen Aktes mit einer Leistung, die Meinung, dass das den Menschen schwer Ankommende gottgewollt und deshalb besonders verdienstlich sei, die Lähmung der Spontaneität und das Versiegen der Hoffnungsimpulse. Insofern hat der Geist der Schwere als der Inbegriff der im – als Raum des Aufatmens gedachten – Kirchenraum vorherrschenden depressiven und resignativen Emotionen zu gelten. Doch was liegt dem zugrunde?
Es sind Begriffe aus der Denkwelt HEGELS, die sich zur Präzisierung dieser Diagnose anbieten. Zunächst der des „unglücklichen Bewusstseins", das Hegel als das zugleich sich selbst setzende und mit sich selbst entzweite bestimmt. Nach RUDOLF HAYM zeichnen sich im Dunkel des mit diesem

Begriff umrissenen Szenarios die Umrisse der „kirchlichen und mönchischen Ethik des mittelalterlichen Christentums" ab, doch so, dass darin auch „Lebens- und Bildungstendenzen der modernen Welt" erkennbar werden. Vor allem aber gilt das von Hegels Begriff der „Entfremdung", der sich bei ihm nicht so sehr auf die Religion als vielmehr auf den Glauben bezieht, „insofern er die Flucht aus der wirklichen Welt und also nicht an und für sich ist". Angezielt ist von ihm damit der als Flucht aus dem „Reiche der Gegenwart" verstandene Jenseitsglaube, jedoch, wie sein Nachsatz zeigt, auch der Glaube auf der Flucht vor sich selbst, aktueller noch ausgedrückt: der Glaube, der sich selbst im Weg steht und sich in seine Entfremdung verschließt.

Was Hegel meint, entspricht aus religiöser Sicht dem im Evangelium Veritatis wiederholt auftauchenden Begriff der Vergessenheit, die, zusammen mit dem Schrecken, als Folge der Unkenntnis des väterlichen Angesichtes Gottes bezeichnet wird. Auf den im gegenwärtigen Christentum herrschenden Geist der Schwere zurückbezogen, bringen diese Begriffe den Kern seines Unwesens zum Vorschein. Er ist, im Blick auf Martin Bubers Wort von der Gottesfinsternis gesprochen, die Folge des im Kirchenraum herrschenden Nebels, der das von Jesus entdeckte und sichtbar gemachte Antlitz des Vaters verhüllt und demgemäß der erlebnishafte Ausdruck jener „Vergessenheit", die das Christentum weithin in einen Zustand der Selbstentfremdung geraten lässt. Worin äußert er sich?

Vor allem darin, dass die Glaubensgeheimnisse aufhörten, auf das Vaterantlitz Gottes hin transparent zu sein und von ihm durchlichtet zu werden. So kam es dazu, dass sie sich zu „Gegenständen" verfestigten, die satzhaft umschrieben und in doktrinärer Sprache verkündet wurden. In dieser vergegenständlichten Form aber hörten sie auf, dem Herzen des

Glaubenden einzuleuchten und ihm zur Selbstfindung zu verhelfen. Statt dessen schlug die Entfremdung des Christentums entfremdend auf den Menschen zurück, so dass er dem von NIETZSCHE angesprochenen Zustand der Heteronomie verfiel, der alles von der lehramtlichen Direktive und nichts mehr von der eigenen Kreativität erwartete.

Die Unterscheidung

Die volle Konsequenz dieser Diagnose kommt erst zum Vorschein, wenn die Entfremdung, der der gläubige Mensch verfiel, im Zusammenhang mit seiner Identitäts- und Sinnkrise gesehen wird, und wenn gleichzeitig die am Christentum beobachtete Entfremdung als Ausdruck seiner Identitätskrise begriffen wird. Dann zeigt sich nämlich die erstaunliche Tatsache, dass die Krise des Christentums synchron mit der des Menschen verläuft, so dass sich in seiner Identitätsnot die menschliche spiegelt. Das aber lässt darauf hoffen, dass der Durchbruch des Christentums zu seiner Identitätsmitte dann auch zur Überwindung der menschlichen Identitätsnot verhelfen könnte. Dass diese Hoffnung nicht zu hoch greift, bestätigt die Paradoxie des Menschen, die darin besteht, dass er, ungeachtet seiner vielfältigen Bedingtheit, nur im Unbedingten sein Genüge findet, so dass Gott aus sich herausgehen und ihm im Doppelsinn des Ausdrucks sagen muss, „wer er ist“, wenn er zu seiner definitiven Identitäts- und Sinnfindung gelangen soll.

Für das Christentum aber heißt das, dass es seine Identität gleichfalls nur im Wissen um die es konstituierende Selbstoffenbarung Gottes findet. Denn für die Beantwortung seiner Identitätsfrage gilt wie für jede vergleichbare Religion, dass diese Antwort nur in seiner spezifischen Sicht des Gottesgeheimnisses bestehen kann. Damit verglichen ist jede andere Identitätsbestimmung abkünftig und sekundär. Doch damit stellt sich auch schon die Aufgabe, es darin gerade von den ihm nahestehenden Offenbarungsreligionen, also vom Judentum und vom Islam, abzugrenzen. So sehr das einem elementaren Interesse einer jeden dieser Religionen entspricht, ergibt sich die Dringlichkeit dieses Versuchs doch erst aus SAMUEL HUNTINGTONS Prognose, wonach das Schicksal der Welt in Zukunft nicht mehr so sehr durch politische oder ökonomische Konflikte als vielmehr durch den „Zusammenprall der Zivilisationen“ entschieden wird. Das gilt zweifellos erst recht von den in eine spannungsreiche Wechselbeziehung geratenen Abrahamsreligionen, die ungeachtet ihrer Konflikte sich verständigen und ihre Kräfte bündeln müssten, wenn sie der extremen Herausforderung durch den eskalierenden Atheismus standhalten wollen. Voraussetzung der Verständigung ist jedoch gerade in ihrem Verhältnis das Wissen um ihr jeweiliges Proprium, weil ein fruchtbarer Dialog nur auf der Basis der Kenntnis der je eigenen Identität zustande kommt.

Wenn man davon ausgeht, dass die Religionsgeschichte der Menschheit entscheidend durch den revolutionären Umbruch geprägt ist, der sie zur Ausgliederung des ursprünglich mit der Weltwirklichkeit identifizierten numinosen Elements und dessen Verselbstständigung zu einer Vielzahl von Gottheiten führte, gewann Israel seine Identität, wie schon eingangs vermerkt, durch die nicht minder revolutionäre Erkenntnis, dass das Geheimnis des Göttlichen in weltüberlegener transzendenter Einheit gedacht werden müsse. Identitätsgrund für das Judentum ist somit der Begriff des einen, in transzendenter Personalität existierenden Gottes, vor dem die Vielheit der Götter zu Nichtigkeiten zerstiebt und der der von ihm geschaffenen und

durchherrschten Welt in absoluter Transzendenz gegenübersteht. Er reißt alle numinosen Qualitäten an sich, so dass die ihrer Selbstherrlichkeit entkleideten „Weltelemente" (PAULUS) in die Verfügungsmacht des Menschen geraten, dem es aufgegeben ist, sie stellvertretend für Gott und deshalb im Sinn seiner Weisheit und Güte zu verwalten.
Demgegenüber ist das heilige Buch des Islam, der Koran, vom Gedanken der Einzigkeit Gottes beherrscht. Es ist dies der Begriff des in absoluter Einzigkeit subsistierenden Gottes, der aufgrund seiner Nähe zum Begriff des unüberdenklich Größten, dem Leitgedanken des anselmischen Gottesbeweises, den alle Vergleiche überbietenden Zugriff dieser Weltreligion auf ihre Anhänger erklärt. Denn der Islam bestimmt nach dem Urteil eines Vertreters der Muslimbrüder seine Gläubigen in ihrem geheimen und öffentlichen Verhalten, in ihrem Schlafen und Wachen, Essen und Trinken, ihrer Freude und Traurigkeit, in ihrem Verhältnis zu Glück und Unglück, Krankheit und Gesundheit; und er beweist damit, dass er nicht nur ein Glaube, sondern eine alles umfassende Lebensordnung ist.
Im Feld der neuesten Forschung hat sich vor allem FERDINAND HAHN der für die Identitätsbestimmung des Christentums grundlegenden Frage angenommen, was die Urgemeinde veranlasst haben könnte, sich ungeachtet ihrer Verwurzelung im jüdischen Mutterboden von diesem abzulösen.[11] Das war für sie gleichbedeutend mit ihrem Durchbruch zur eigenen Identität. Hahns Erklärung kulminiert in der Erkenntnis, dass sich im Gefolge der Auferstehung Jesu der Vorgang auf höherer Ebene wiederholte, der in der zweiten religiösen Revolution zur Ausformung des personalen

11 F. HAHN, Die Verwurzelung des Christentums im Judentum (Neukirchen-Vluyn 1996), 30ff.

Gottesbegriffs geführt hatte. Wie dort der eine Gott alle numinosen Qualitäten an sich gerissen hatte, so wurden, insbesondere unter dem Einfluss hellenistischer Denkformen, „göttliche Prädikate auf Jesus übertragen". Nun war er für die Gemeinde nicht nur der messianische Davidsohn, sondern der Gottessohn und Kyrios, von dem (nach 1 Kor 8,6) sogar Präexistenzaussagen gemacht wurden.

Der neue Gott

Doch das hatte ein entscheidendes Vorspiel in der zentralen Lebensleistung Jesu, die darin gipfelte, dass er den ambivalenten Gott der Religionsgeschichte und seines eigenen jüdischen Glaubens in die rettende Eindeutigkeit überführte. Denn er beseitigte das Element des Angst- und Schreckenerregenden aus dem traditionellen Gottesbild, um darin das Antlitz des bedingungslos liebenden Vaters zum Vorschein zu bringen. Das besiegelte er durch die Zärtlichkeitsanrede „Abba – Vater", mit der er der Entfremdung zwischen Gott und Mensch ein Ende setzte und das Pathos der Distanz in das der Verbundenheit verwandelte.

Dazu sah sich Jesus ebenso aus politischen wie psychologischen und spirituellen Gründen veranlasst. Aus politischen zunächst, weil er durch die Verkündigung des bedingungslos liebenden Gottes den Zeloten, die er auf den Ruin Israels hinarbeiten sah, den religiösen Vorwand ihres fanatischen Freiheitskampfs aus der Hand schlug. Aus psychologischen, weil er um die zerreißende Rückwirkung des ambivalenten Gottesbegriffs auf den nach Identität verlangenden Menschen wusste und durch seine Verkündigung des neuen Gottes die schlimmste aller Ängste, die Gottesangst, von seinem Herzen nahm. Vor allem aber aus spirituellen Gründen, die sich aus der Gotteserfahrung seines Betens ergaben. Über das Gebetserlebnis Jesu gibt zweifellos das Vaterunser den verlässlichsten Aufschluss, sofern man mit Paulus bedenkt, dass Gott nur im Zusammenwirken mit dem „Geist der Sohnschaft" als Vater angerufen werden kann. Dann aber „erinnert" der Geist daran, dass sich Jesus im Bewusstsein seiner Erwählung nicht nur dazu gedrängt sah, seinen Gott mit dem Vaternamen anzurufen, sondern ebenso auch dazu, seine Sohnschaft an andere weiterzugeben und dass sich ihm dafür das Motiv „Reich Gottes" als optimales Gefäß sprachlicher Mitteilung anbot. Somit ist das Gottesreich von seiner innersten Herkunft her die mitgeteilte und zum Prinzip der Neugestaltung aller Verhältnisse erhobene Gottessohnschaft, kürzer gesagt, die soziale Selbstauslegung Jesu. Für das Offenbarertum Jesu aber besagt das, dass er nicht nur, wie das Zweite Vatikanum hervorhob, in seinem Reden und Schweigen, Handeln und Leiden, zumal in seiner Auferstehung der abschließende Gottesoffenbarer ist, sondern dadurch, dass er die Hörer des mit seiner ganzen Lebenswirklichkeit identischen Wortes in seine Gotteserfahrung hineinnimmt. So ist er, wie es der johanneische Jesus auf dem Höhepunkt seiner Brotrede zum Ausdruck bringt, das „Brot des Lebens" (Joh 6,35.48), als das er in den Lebens- und Selbstvollzug der Seinen eingehen will.

Die Widerstände

Doch damit stößt Jesus, völlig unerwartet, auf erbitterte Ablehnung, „diese Rede ist hart", so schlägt es ihm entgegen: „Wer kann sich so etwas anhören!" (Joh 6,60). Und es kommt zum großen Massenabfall, der nach der sensiblen Deutung Martin Bubers mit geradezu vernichtender Wucht auf Jesus zurückschlägt und ihm die Frage nach dem Sinn seines Wirkens, seiner Sendung und seiner selbst aufdrängt. Auf dieses aus tiefster Herzensnot erfragte „Wer bin ich?" müsste nach der Logik der Evangelien wie in der Taufszene die Himmelsstimme mit dem Zuspruch „Du bist mein geliebter Sohn" (Mk 1,11) antworten. Da sich aber bereits die nahe Passion vorausschattet, schweigt der Himmel. Statt dessen ereignet sich das größte Wunder der Mitmenschlichkeit im Leben Jesu. Anstelle des Himmels spricht der Freund, um ihm das zu sagen, was jener zu sagen hätte: „Du bist Christus, der Sohn des lebendigen Gottes" (Mt 16,16). Wird sich das in der glaubensgeschichtlichen Situation der Gegenwart wiederholen?

Die Frage setzt voraus, dass es in der Mitte des heutigen Glaubens erneut um die mit dem Brotwort umschriebene Selbstübereignung Jesu geht, aber auch, dass sich ihr ebenso wie damals Barrieren und Widerstände entgegensetzen. Von einem ersten in Gestalt des Geistes der Schwere war bereits die Rede. In seiner Resignation lässt dieser den Gedanken an eine derartige Entgegenkunft erst gar nicht aufkommen; die ihm Verfallenen schließen sich statt dessen in ihr als „festes Gehäuse" (JASPERS) verstandenes Glaubenskonzept ein.[12] Dass ihr Glaube durch spirituelle Hilfen, womöglich sogar durch den Geglaubten selbst, gefördert werden könne, liegt außerhalb ihres Gesichtskreises. Indessen setzen sich seiner Entgegenkunft noch weitere und vergleichsweise härtere Widerstände entgegen.

Blockiert wird der vom Glaubenszentrum ausgehende Impuls in erster Linie durch die um sich greifende Marginalisierung des Auferstehungsglaubens, die sich in dem Satz bekundet, dass vor Ostern bereits all das vorhanden war,

---

[12] K. JASPERS, Psychologie der Weltanschauungen (Berlin 1954), 304–319.

„was nach Ostern endgültig erkannt wurde“ (LÜDEMANN). Sie nimmt auch in dieser scheinbar undramatischen Form dem Geheimnis durch ihre Nivellierungstendenz den Atem. Denn sie bestreitet, dass von ihm jene Innovation ausging, die den Botschafter zur Botschaft, den Lehrer zur Lehre und den Wegbereiter des Glaubens zu dessen Gegenstand werden ließ und in ihrem Gefolge nicht nur die doktrinale, sondern auch die soziale Strukturierung des Christentums bewirkte. Indessen konnte es bei dieser dreifachen „Festschreibung“ nicht bleiben, da sie die Gefahr der Verfestigung, wenn nicht gar der Ideologisierung in sich barg. Deshalb setzte schon in neutestamentlicher Zeit, belegt durch den Eingang des Ersten Johannesbriefes (1 Joh 1,1ff), eine Gegenbewegung ein, die den Erhöhten aus dem Schrein der Vergegenständlichung hervortreten und auf neue Weise hörbar, schaubar und fühlbar werden ließ. Das aber nährt die Hoffnung, dass die Marginalisierungstendenzen überwunden werden und die Auferstehung wieder zu ihrem Recht und, wurde dies erst erreicht, zu ihrer vollen Auswirkung gelangt.

Der Marginalisierung der Auferstehung entspricht die seit alters gewohnte Funktionalisierung des Kreuzestods Jesu, der die Jüngergemeinde aufs Tiefste erschüttert und vor die Frage nach dem Sinn dieses entsetzlichen Endes gestellt hatte. Darauf schien die (nach Apg 6,7) zur Gemeinde gestoßene Menge von Priestern die alle Zweifel ausräumende Antwort mitgebracht zu haben: er starb als Sühnopfer für die Sündenschuld der Welt. Doch damit wurde der Tod Jesu, entgegen der in der heutigen Todesreflexion gewonnenen Einsicht, einer wenn auch noch so hohen Zwecksetzung unterworfen, die gerade das verdunkelt, was der Erklärungsversuch ans Licht bringen sollte: den Sinn seines Sterbens. Der aber leuchtet wie ein unsichtbarer Sonnenaufgang

in der Nacht von Golgota auf, sobald der Kreuzestod als die äußerste Radikalisierung dessen begriffen wird, was Jesus in seiner Hingabe an Gott, an seine Sendung und an die Menschen gelebt hatte und was als solches ununterscheidbar mit seiner Gottesverkündigung verschmolz: bedingungslose Liebe. Glaubensgeschichtlich arbeitet auf diese Erkenntnis die Tatsache hin, dass das Paradigma der Satisfaktions- und Rechtfertigungslehre zusehends an Plausibilität verliert und so den Weg zur Sinnwahrnehmung freigibt.
Ein letztes Hindernis stellt der Einsicht in die zentrale Lebensleistung Jesu die Kopflastigkeit in der heutigen Glaubensverkündigung entgegen. Denn nach vielen Anzeichen zu schließen, herrscht ein konfessionsübergreifender Konsens in der schon eingangs angesprochenen Ansicht, dass das Christentum definitiv in seine ethische Phase eingetreten und deshalb nur noch als Moral zu vermitteln sei. Tatsächlich aber wird es seinem Ursprung durch nichts so sehr entfremdet wie durch den schon von LUTHER befürchteten Fall, dass Jesus in „ein Mosen" und dass das Evangelium in „ein Gesetzbuch" verwandelt werde. Doch wie kann diese Gefahr gebannt werden?

Die Glaubenswende

Sicher nicht mit Hilfe von Initiativen, die im Interesse einer gezielten Gegensteuerung oder einer Wiederbelebung des innerkirchlichen Dialogs ergriffen werden, so sehr an derartiger Förderung des religiösen Engagements gelegen ist. Wie die Entfremdung, nach ihrem geradezu schicksalhaften Verlauf zu schließen, den tieferen, der menschlichen Kontrolle entzogenen Schichten des Glaubensbewusstseins entstammt, ist in ihnen vielmehr auch der Impuls zu ihrer Überwindung zu vermuten. Registrierbar aber ist dort allenfalls jene spirituelle Reaktion auf den großen zeit- und geistesgeschichtlichen Umbruch, der mit dem Wort von der glaubensgeschichtlichen Wende auf den Begriff gebracht werden kann. Näherhin zeichnet sich im Blick auf die Tiefenschicht eine dreifache Kehre ab. Sie betrifft den Wandel *vom Gehorsams- zum Verstehensglauben, vom Bekenntnis- zum Erfahrungsglauben und vom Leistungs- zum Verantwortungsglauben.*

Begriff sich der vorkonziliare Glaube als die gehorsame Unterwerfung unter die Autorität des Offenbarungsgottes, so der heutige, wie es der konziliaren Klärung des Offenbarungsbegriffs entsprach, als den lebenslangen Versuch, die Selbstzusage Gottes in seinem menschgewordenen Sohn verstehend nachzuvollziehen. Hilfreich wirkte darauf das differenzierte Autoritätsverständnis hin, das HANS-GEORG GADAMER in seiner philosophischen Hermeneutik „Wahrheit und Methode" (1960) entwickelte. Denn im Licht seiner Unterscheidung zeigt sich, dass Gott dem Glaubenden nicht in der Autorität des allmächtigen Herrn des Himmels und der Erde, sondern in der Autorität des Lehrers (KIERKEGAARD) entgegentritt, der ihm das denkbar Wichtigste – sich selbst – zu sagen hat. In der Doppelsinnigkeit dieses „sich selbst" besteht der Reichtum und das Glück des christlichen Glaubens. Denn im selben Maß, wie sich Gott im Sinn des Begriffs „Selbstoffenbarung" (RAHNER) selbst erschließt, gibt er sich dem Glaubenden auch als das Hochziel seiner Sinnfindung zu verstehen. So aber tritt an die Stelle des unwissenden, unterwürfigen Knechtes der mitwissende Partner und ebenbürtige Freund, wie ihn der johanneische Jesus (Joh 15,15) gefordert hatte.

Im selben Maß, wie diese Einsicht an Boden gewinnt, verlagert sich das Interesse von den dogmatischen Umschreibungen auf deren Inhalte, da der Glaube, wie schon THOMAS VON

AQUIN betonte, nicht so sehr den Sätzen als vielmehr dem gilt, den sie umschreiben und meinen. Das wurde von den bedeutendsten Christentumskritikern der ausgehenden Neuzeit bestätigt. Sprachtheoretisch durch NIETZSCHE, für den das Verständlichste an der Sprache nicht in den Worten, sondern in der Musik hinter den Worten, in der Leidenschaft hinter der Musik und in der Person hinter der Leidenschaft besteht. Auf den Glaubensakt bezogen besagt das, dass er sich, vermittelt durch die Glaubenssätze und Schriftworte, letztlich auf den bezieht, der sich durch sie zu verstehen gibt und zu dem der Glaubende dadurch in eine dialogische Personbeziehung tritt. Glaubentheoretisch unterstrich das BUBER mit seiner in „Zwei Glaubensweisen“ geübten Kritik am christlichen Satzglauben, dem er vorwirft, von der Höhe des prophetischen Vertrauensglaubens, den auch Jesus geteilt habe, auf ein formales Glaubensverständnis abgesunken zu sein, bei dem es in erster Linie um die Richtigkeit der für wahr gehaltenen Sätze gehe. Doch den wahren Gegensatz zu dem für wahr haltenden Satzglauben bildet nicht so sehr das Vertrauen als vielmehr die Mystik, verstanden als das Verlangen, zu dem von den Sätzen umschriebenen Inhalt vorzudringen, um ihn zum Lebensinhalt zu gewinnen. Eben dies meint das berühmte Wort KARL RAHNERS, dass der Christ der Zukunft ein Mystiker oder aber nicht mehr sein werde, sofern Mystik in ihrer von Rahner gemeinten Grundform das Verlangen nach Gotteserfahrung bezeichnet. Ein ebenso wichtiger Wandel betrifft den vom Leistungs- und Versicherungsglauben zum Verantwortungsglauben. Denn der Satzglaube wurde, wie es sich aus dem Moment des Festhaltens ergab, als die vom jeweils Einzelnen zu erbringende Leistung begriffen, die sich mit der Hoffnung auf individuelle Heilssicherung verband und so dem Kirchenvolk unter dem Motto „Rette deine Seele!“ ans Herz gelegt wurde. Doch das Herz wurde davon schwerlich berührt. Umso mehr gelingt das dem Verstehensglauben, weil es dabei nicht so sehr um eine rezeptive Hinnahme von Vorgegebenem als vielmehr um die kreative Mitgestaltung von Aufgegebenem zu tun ist. Mit der Entdeckung der Kreativität des Glaubens geht aber die seines Mitvollzugs mit der Gemeinschaft der Glaubenden Hand in Hand. „Niemand weiß, aus welchen, vielleicht räumlich entfernten oder zeitlich vergangenen gläubigen Existenzen heraus sein eigener Glaube gespeist wird", sagt ROMANO GUARDINI in seiner nachgelassenen „Existenz des Christen"; und er fügt dem hinzu: „ebenso wenig wie er weiß, welche Menschen er selbst mitträgt". Denn der Glaube gehört, um es ins Prinzipielle zu heben, zu jenen höchsten Gütern der Menschheit, die man – wie Freiheit, Hoffnung und Frieden – voll nur mit allen andern zusammen, oder, falls diese Bedingung nicht gegeben ist, nur in fragmentierter Weise haben kann. So gesehen steht die Glaubenskraft in einer funktionalen Abhängigkeit vom Grad des Willens zur Glaubenseinheit, so wie dieser einen seiner stärksten Beweggründe im Bestreben nach Intensivierung der Glaubenskraft haben müsste.

Dessen aber bedarf es vor allem, wenn das Ziel erreicht werden soll, auf das der dreifache Wandel hinwirkt und das die Achse der längst schon in Gang gekommenen glaubensgeschichtlichen Wende bildet: die Neuentdeckung Jesu im Glaubensbewusstsein der Gegenwart. Während Guardini noch auf breite Zustimmung stieß, als er den Stand des Glaubensbewusstseins am Ende des Ersten Weltkriegs auf die Formel brachte: „Die Kirche erwacht in den Seelen", müsste dieser Satz heute umgeschrieben werden, so dass vom Erwachen Jesu im Glauben – und Unglauben – der Gegenwart gesprochen wird. Seine eindrucksvollste, wenngleich in ihrer Bedeutung längst nicht zureichend gewürdigte Bestäti-

gung fand dieser Vorgang in der spontanen Entstehung einer ganzen Jesus-Literatur im unmittelbaren Gefolge des Konzils, an der sich erstmals auch jüdische Autoren, allen voran SCHALOM BEN-CHORIN mit seinem Buch „Bruder Jesus" beteiligten. Dass dieses christologische Erwachen auch den Unglauben ergriff, bestätigen die sensationellsten Dokumente der Neuentdeckung, die wie das Buch „Jesus für Atheisten" von MILAN MACHOVEC und die „Matthäuspassion" von HANS BLUMENBERG Atheisten und Agnostiker zu Verfassern haben.[13]
Über die durch die Neuentdeckung Jesu bedingte und sie bestätigende Perspektivendrehung geben die Titel der dafür signifikanten Werke Aufschluss, die von einem überraschenden Positionswechsel sprechen. Der „Herr", zu dem GUARDINI aufgeblickt hatte, stieg diesen Benennungen zufolge vom Podest seines Herrentums herab, um den Seinen als „Bruder" und „Helfer" entgegenzutreten und sie schließlich in ein „Freundschaftsverhältnis" mit sich zu ziehen. Das aber markiert den Umbruch von einer *Christologie der Autorität* zu einer *der Solidarität* und schließlich *der Identität*, wie es dem Weg des Glaubens in das Stadium seiner mystischen Verinnerlichung entspricht. Wenn aber dieses Ziel in Sichtweite gerät, zeigt sich auch, dass die Glaubenwende der Identitätsfindung des Christentums in die Hand arbeitet. Denn zur Neuentdeckung Jesu gehört in erster Linie der Einblick in sein Herz, den Ort seiner beseligend-leidvollen Gotteserfahrung, in die er, mit dem Vollbegriff seines Offenbarertums gesprochen, die an ihn Glaubenden hineinnimmt.

---

13 SCH. BEN-CHORIN, Bruder Jesus. Der Nazarener in jüdischer Sicht, München 1970; M. MACHOVEC, Jesus für Atheisten, Stuttgart 1972; H. BLUMENBERG, Matthäuspassion, Frankfurt 1988; dazu mein Beitrag „Theologische Trauerarbeit", in: Theologische Revue 85 (1989), 441–452; ferner die Ausführungen meines Jesusbuchs „Der Freund", 22–38.

Deshalb ist sie ebenso die Sinnmitte der von ihm gestifteten Religion, des Christentums, wie der Ort der gläubigen Sinnfindung in ihm.

Die Innensicht

Mit diesem „in ihm“ fiel ein Stichwort, das den Weg zur definitiven Überwindung der als Entfremdung erfahrenen Glaubens- und Kirchenkrise weist. Es ist das Leitwort der paulinischen Spiritualität, mit dem sich seine esoterische Innensicht des Glaubens erschließt, eines Glaubens, dessen Mysterien und Ausdrucksformen auf den von Jesus entdeckten Gott hin transparent und dadurch vom Licht seines väterlichen Angesichts durchstrahlt werden. Dabei ist PAULUS von der Überzeugung durchdrungen, die PASCAL in den Grundsatz seiner christologischen Erkenntnistheorie fasst: „Nicht nur Gott kennen wir allein durch Jesus Christus, auch uns selbst kennen wir nur durch Jesus Christus, Leben und Tod kennen wir nur durch Jesus Christus. Ohne Jesus Christus wissen wir weder, was unser Leben, noch was unser Tod, noch was Gott ist, noch was wir selbst sind.“
So gesehen wird Christus tatsächlich zum Inbegriff aller Gottes- und Selbsterkenntnis und als solcher, wie schon die von ADOLF DEISSMANN und ALFRED WIKENHAUSER vorangetragene Paulusforschung sah, zu der die Seinen umhüllenden Sphäre, zu dem im spirituellen Sinn Umgreifenden, das sie als Weisheit erleuchtet, als Freiheit erhebt, als Friede versöhnt und als Gotteskraft motiviert und stärkt. Zusammen mit dem Geglaubten treten dann aber auch die sein Geheimnis umschreibenden Mysterien aus ihrer Gegenständlichkeit hervor, um mit dem Glaubenden, jenseits aller Heteronomie, ein dialogisches Korrespondenzverhältnis aufzunehmen.

Erschienen sie zunächst wie Fenster, durch die er das in ihnen aufscheinende Gottesantlitz erblickte, so werden sie jetzt für ihn zu Spiegeln, in denen er seiner selbst und seines letzten Sinnziels ansichtig wird. Jetzt erkennt er, dass er durch die Menschwerdung zur Gotteskindschaft berufen, durch die Passion in die Leidensgemeinschaft mit dem Gekreuzigten aufgenommen, durch dessen Erhöhung zu sich selbst gebracht und durch die Wiederkunft ins Gottes- und Selbstgericht gezogen wird. Die Auferstehung aber erfährt er in diesem Sinn als den großen Wendepunkt aller Verhältnisse, an dem sich das Umgreifende „in Christus" in den Inbesitz des „Christus in uns" wandelt. Jetzt gilt für ihn, was WIKENHAUSER vom paulinischen Osterverständnis sagt: „Der für mich am Kreuze Gestorbene führt nunmehr in mir als Auferweckter sein Leben." Was der entfremdete Glaube in disparater Gegenständlichkeit darstellt, wird in dieser spirituellen Innensicht als das mystische Fortleben Christi im Herzen des Glaubenden erwiesen, in dem er neu heranreifen, erkennen, wirken, leiden und sterben will, um ihn schließlich in die Lebensfülle seiner Verherrlichung aufzunehmen.

Wahrer Mystik eignet bei aller Innerlichkeit aber auch stets eine geschichtlich-soziale Dimension. Das hat seinen Grund darin, dass dasselbe Struktur- und Formgesetz gleicherweise für den Einzelnen wie für den religiös gedeuteten Geschichtsgang gilt, sodass, wie die Dichtung GERTRUD VON LE FORTS zu verstehen gibt, die geschichtlichen Epochen, mit den Augen des Glaubens gesehen, den Stadien der Lebensgeschichte Jesu entsprechen. Das aber ist gleichbedeutend mit dem sich innerweltlich verwirklichenden Gottesreich, sofern dieses nur als die soziale Selbstauslegung Jesu verstanden wird. Wie aus den Wachstumsgleichnissen der Synoptiker hervorgeht, erfolgt diese Verwirklichung des

Gottesreichs prinzipiell durch seine eigene Initiative und Kraft. Doch bindet sich diese Kraft stets an den Einsatz derer, die sich von dem die Geschichte durchwaltenden Gesetz selbst bestimmt und geleitet wissen. Ihnen ist es aufgegeben, dem Gottesreich in ihrem Lebensbereich zur Geltung und zum Durchbruch zu verhelfen. Das wird ihnen umso eher gelingen, als sie sich in ihrem Denken und Handeln auf das sie durchwaltende Formgesetz zurückbeziehen und, wie in letzter Zuspitzung zu sagen ist, den in ihnen Fortlebenden darin zu Wort und tathaftem Ausdruck kommen lassen. So anspruchsvoll dies klingt, ist damit von ihnen doch nichts anderes verlangt, als dass sie die Liebe, von der sie sich umfangen wissen, an andere weitergeben.

Im Maß, wie dies geschieht, wird sich klären, dass die Identität der sich mit dem altchristlichen Diognetbrief als „Seele in der Welt" verstehenden Christenheit im gleichen Sinnziel besteht wie das eines jeden Einzelnen. Diese Konvergenz aber ergibt sich letztlich daraus, dass sich der im Ganzen seines mystischen Leibes wie in einem jeden seiner Glieder Fortlebende im Glauben der Seinen mit sich selbst verständigt, in ihrer Hoffnung sich selbst bejaht und in ihrer Liebe, wie die augustinische Formel von dem „unus Christus amans seipsum" sagt, sich selber liebt.[14]

Wenn Guardini der aus dem Ersten Weltkrieg hervorgegangenen Generation mit seinem Wort vom Erwachen der Kirche in den Seelen zu Wegweisung und Ermutigung verhalf, gilt heute, wie an dieser Stelle nochmals betont sei, dass Christus im Glauben und Unglauben der Gegenwart zu sich selbst erwacht. Das ist Kern und Gewähr der Glaubenserweckung, an der in der vom Geist der Schwere heimgesuchten Stunde entscheidend gelegen ist. Siegel der eingetretenen

---

14 Augustinus, In Psalm 26, sermo 2, n. 23.

Erweckung aber wird es sein, wenn dem im Glaubensbewusstsein der Zeit zu sich selbst Erwachenden und nach sich selbst Fragenden wie in der Krisenstunde seines Erdenlebens das freundschaftliche Bekenntnis antwortet: „Du bist Christus, der Sohn des lebendigen Gottes!“

Die Heilkraft des Glaubens

Entwurf einer therapeutischen Theologie

Das Konzept

Mit der bekannten These vom drohenden Zusammenprall der Zivilisationen ist zugleich angedeutet, dass die Weltreligionen in eine bisher ungeahnte Wechselbeziehung geraten werden. Wenn diese nicht zu gefährlichen Konflikten führen soll, sind Initiativen im Sinn einer gegenseitigen Verständigung unerlässlich. Sie aber hat eine möglichst exakte Standortbestimmung der um diese Verständigung Bemühten zur Voraussetzung. Nach Ansicht ROMANO GUARDINIS droht ein Konflikt vor allem im Verhältnis von Christentum und Buddhismus, da deren Stifter jeweils Gleichsinniges, nur mit entgegengesetzter Zielsetzung anstrebten. Beide, Jesus wie Buddha, griffen in die Lebensvollzüge des Menschen ein, der eine, um ihn in den Stand der Gotteskindschaft zu erheben, der andere, um seine Lebensvollzüge mit dem Ziel der Leidverminderung zum Erliegen zu bringen. Dadurch erweist sich der Buddhismus als Prototyp einer asketischen, auf die Dämpfung der Leidenschaften und die Auslöschung des Lebenswillens ausgehenden Religion. Für die Standortbestimmung des Christentums gilt dann aber: Es ist, anders als der Buddhismus, *keine asketische,* sondern *eine therapeutische* Religion. [15]

Während sich Buddha von der Unterdrückung des menschlichen Lebens- und Geltungswillens die Auslöschung der

---

[15] Zum Ganzen meine Studie „Theologie als Therapie. Zur Wiedergewinnung einer verlorenen Dimension“, Heidelberg 1985.

Leidenschaften und damit des Herdes allen Leids verspricht, das Menschen einander zufügen, weiß sich Jesus gesandt, die „gebrochenen Herzen" zu heilen und den mit der Todeswunde geschlagenen Menschen aus seiner Verfallenheit im zweifachen Sinn des Ausdrucks zu sich selbst zu erheben. Den durchschlagenden Beweis für die Richtigkeit dieser These erbrachte die Diskussion um die Hoheitstitel Jesu, die nach FERDINAND HAHN zu dem Ergebnis führte, dass der historische Jesus keinen der ihm vom Neuen Testament zugelegten Titel in Anspruch nahm, so dass er sich weder als Messias noch als Menschen- und Gottessohn bezeichnete, die sich aber den Titel entgehen ließ, mit dem er sich tatsächlich einführte und mit dem er auch in der Alten Kirche mit dem Gebetswort „hilf, Christus, du bist unser einziger Arzt!" angerufen wurde.[16] Das bestätigt sein Ausspruch: „Nicht die Gesunden brauchen den Arzt, sondern die Kranken; ich bin nicht gekommen, die Gerechten zu berufen, sondern die Sünder" (Mk 2,27).

Das Wort bedarf freilich einer zweifachen Erklärung. Was den Vordersatz betrifft, so ist damit keineswegs eine Gruppe von Heilungsbedürftigen, denen Jesus seine helfende Zuwendung zusichert, von denjenigen unterschieden, die als „Gesunde" seiner Hilfe nicht bedürfen; vielmehr unterscheidet Jesus damit unter den in seinen Augen allesamt Kranken die besonders schwierige Gruppe jener, die sich ihrer Krankheit nicht bewusst und deshalb seiner Zuwendung doppelt bedürftig sind, weil bei ihnen, zusätzlich zu ihren Leiden, eine Bewusstseinssperre überwunden werden muss. Was aber die „Sünder" anlangt, zu denen sich Jesus gesandt weiß, so geben die um seinen „Tisch der Sünder"

---

16 F. HAHN, Christologische Hoheitstitel. Ihre Geschichte im frühen Christentum, Göttingen 1966, 347ff; C. SCHNEIDER, Geistesgeschichte des antiken Christentums I, München 1954, 724.

Versammelten darüber Auskunft, dass es sich bei ihnen gerade nicht um Versager im moralischen Sinn, sondern um gesellschaftlich Geächtete und Ausgestoßene handelt.[17] Sie zieht Jesus in seine besondere Nähe und dies mit der Folge, dass er in der Sicht der Etablierten als eine Bedrohung der eingespielten Gesellschaftsordnung erscheint: für die Gesellschaft ihrerseits Anlass, ihn aus ihrem Herrschaftsbereich auszustoßen und „außerhalb des Lagers" (Hebr 13,13) umzubringen.

Für die theologische Auslegung dieser Botschaft aber heißt dies, dass die durch ihre lehrhafte Darstellung in den Hintergrund getretene therapeutische Dimension wiederentdeckt und im theologischen Selbstverhältnis zur Geltung gebracht werden muss. Bei dem damit angezielten Entwurf einer therapeutischen Theologie handelt es sich aber nicht etwa um eine theologische Sonderform nach Art der dialektischen oder politischen Theologie, sondern darum, die Theologie auf ihre angestammte – und vornehmlich angemessene – Grundgestalt zurückzuführen und sie, ihrer elementaren Aufgabe gemäß, in den Dienst des beschädigten, an sich und seinem Dasein leidenden Menschen zu stellen.

Aber kann denn Glaube, so ist nun grundsätzlich zu fragen, tatsächlich heilen? Nicht minder grundsätzlich klingt die wiederholt im Evangelium gegebene Antwort: *„Dein Glaube hat dich gesund gemacht."* Jesus nimmt also in diesen ältesten Wendungen die geglückte Heilung keineswegs für sich selbst in Anspruch. Vielmehr schreibt er sie dem wie eine selbstständige Entität agierenden Glauben zu. Damit ist aber aufs Deutlichste unterstrichen, dass er tatsächlich zu heilen vermag.[18]

---

17 Dazu J. Gnilka, Jesus von Nazaret. Botschaft und Geschichte, Freiburg 1990, 181f; 270f.

18 Gnilka, A. a. O., 118–139.

Die Entstehung der Diastase

Wenn man von derart obskuren Praktiken wie dem „Gesundbeten" und der „Geistheilung" absieht, klingt das fast wie ein Märchen aus alter, längst vergangener Zeit. Was sich inzwischen ereignete, ist die Geschichte einer schon in neutestamentlicher Zeit einsetzenden Diastase, die den Verfall des priesterlichen Arztbildes nach sich zog und schließlich dazu führte, dass die Heilungskompetenz des Christentums völlig an die wissenschaftliche Medizin überging. Das spiegelt sich nicht nur im Erscheinungsbild der Theologie, sondern hatte in dieser auch eine entscheidende Ursache. Die bestand in der Entwicklung der Theologie zu ihrer wissenschaftlichen Systemgestalt.

So war es ihr von innen, zumal aber von außen her auferlegt. Von innen her unterstand sie der Nötigung, den Glauben auf verstehbare Weise auszulegen, weil er von seiner – mit der Gottesoffenbarung gegebenen – Mitte her verstanden sein will. Von außen her wirkte der Zwang, sich gegenüber Einwänden und Angriffen rechtfertigen zu müssen, im gleichen Sinne auf sie ein. Als Markstein dieser Entwicklung erweist sich schon innerhalb des Evangeliums die – nach Ausweis der Kunstgeschichte von der alten Kirche besonders beachtete – Perikope von der Heilung der Gelähmten (Mk 2,1–12), die ursprünglich als eine bewegende Glaubensgeschichte erzählt wurde, in ihrer überlieferten Endgestalt jedoch argumentativ überarbeitet ist, so dass Jesus durch seine Wundertat die von der Urgemeinde praktizierte, von ihrer jüdischen Umwelt jedoch verworfene Sündenvergebung zu rechtfertigen scheint. [19]

---

[19] Dazu I. Maisch, Die Heilung des Gelähmten. Eine exegetisch-traditionsgeschichtliche Untersuchung zu Mk 2,1–12, Stuttgart 1971.

Wurden bei der apologetischen Selbstrechtfertigung die philosophischen Kategorien nur defensiv eingesetzt, so schon bald, und das vor allem in der alexandrinischen Theologie, in konstruktivem Interesse. Im Rückblick darauf spricht AUGUSTIN davon, dass die Theologen in Erinnerung an die von den Juden beim Auszug aus Ägypten „entliehenen" silbernen und goldenen Gefäße die Denkformen der platonischen und aristotelischen Philosophie übernommen hätten, um mit ihrer Hilfe die Botschaft des Evangeliums in eine szientifische und damit in den wissenschaftlichen Diskurs einzubringende Form zu fassen.
Im weiteren Verlauf entzweite sich die Kooperation dann freilich zur Konfrontation, so besonders bei dem großangelegten Versuch, das in Spanien an den Islam verlorene Territorium für den Christenglauben zurückzugewinnen. Denn dabei stießen die Missionare auf einen averroistisch interpretierten Aristotelismus, dessen elaborierter Begrifflichkeit sie so lange nichts Gleichwertiges entgegenzusetzen hatten, bis ihnen THOMAS VON AQUIN in seiner – auf die spanischen „Heiden" zielenden – Summa contra gentiles die umfassende Argumentationshilfe vorlegte.[20] In dieser Konfrontation blieb die gegenseitige Angewiesenheit von Theologie und Philosophie unbestritten. Das änderte sich, als RENÉ DESCARTES das Tischtuch zwischen beiden Instanzen zerschnitt, indem er die Sache der Philosophie von den beiden Pflöcken Tradition und Autorität abkoppelte und mit dem Grundsatz „Cogito sum" ausschließlich auf sich selbst stellte. Das führte bei KANT, durchaus konsequent, zur Anzweiflung der traditionellen Verhältnisbestimmung. Denn in seiner Schrift über den Streit der Fakultäten erhebt sich die Frage, ob die

[20] Dazu R. HEINZMANN, Thomas von Aquin, Heidelberg und Graz 1960, 325–335; ferner J.-P. TORREL, Magister Thomas. Leben und Werk des Thomas von Aquin, Freiburg 1995, 115–135.

als „ancilla theologiae" geltende Philosophie tatsächlich ihrer Herrin die Schleppe nachträgt oder nicht vielmehr die Fackel voranträgt und damit die Spitzenposition übernimmt.[21]

Die Reaktion der durch die Glaubensspaltung entzweiten Theologie war ausgesprochen panisch. Während sich die protestantische in ihrer Verzweiflung in die Arme des hegelschen Systems warf, zog sich die katholische auf die Position einer „Philosophia perennis" neuscholastischen Zuschnitts zurück. Während diese ihren Rückzug mit dem Verlust der Gegenwartskontakte büßen musste, entdeckte jene zu spät, dass sie, wie KARL LÖWITH in seiner scharfsinnigen Analyse zeigte, einem im Grunde atheistischen System aufgesessen war.[22]

Wenn man das bedenkt und mit HORST BAIER hinzunimmt, dass inzwischen PLATON und ARISTOTELES durch EPIKUR, den Kronzeugen einer postmodern-hedonistischen Mentalität, aus dem Feld geschlagen wurden, wird die Orientierungskrise deutlich, der die Gegenwartstheologie verfiel. Und diese belastet sie um so mehr, als ihr im Zug der Enthellenisierungsdebatte deutlich wurde, wie wenig die hellenistischen Denkformen, trotz der scheinbaren Übereinstimmung des heraklitischen mit dem johanneischen Logos, der Denkweise des Evangeliums entsprachen.[23]

Im Flachwasser der Beliebtheit spiegeln sich gleicherweise der „Sündenfall", der zur Gegenwart führte, wie dessen unlängst deutlich gewordene Konsequenzen. Das eine, sofern die Übersetzungsszene von GOETHES „Faust" in ihrer

---

[21] I. KANT, Der Streit der Fakultäten (Ausgabe Reich), Hamburg 1959, 21.

[22] K. LÖWITH, Vorträge und Aufsätze: Zur Kritik der christlichen Überlieferung, Stuttgart 1966, 54–96.

[23] Dazu CL. TRESMONTANT, Biblisches Denken und hellenische Überlieferung, Düsseldorf 1956, 76f.

geistes- und kulturgeschichtlichen Tragweite erkennbar wird. Denn mit der Vertauschung von Wort in „Sinn" und „Tat" ist der Schicksalsweg abgesteckt, der vom reformatorischen Prinzip des Verbum solum zum idealistischen System und schließlich, im Umschlag von Hegel zu Marx, zur Inthronisierung der revolutionären Aktion führte.[24] Dass das auch für das technisch Machbare galt, nahm Goethe in der Homunculus-Szene vorweg, deren bestürzende Aktualität deutlich wurde, als der Wolf der Klonierungstechnik im Schafspelz des aus einer Körperzelle entwickelten Kunstprodukts „Dolly" in die gegenwärtige Lebenswelt einbrach.

Verlorene Dimensionen

Mit der Szientifizierung der Theologie ging aber nicht nur ihre therapeutische Dimension verloren, sondern ebenso auch die ästhetische und soziale. Was jene anlangt, so dachte Jesus vorzugsweise in Bildern. Für die Vermittlung des für seine Botschaft zentralen Reich-Gottes-Gedankens schuf er, der nicht nur als eine Gestalt der Religions- und Glaubensgeschichte, sondern ebenso auch der Geistes- und Sprachgeschichte zu gelten hat, sogar eine eigene aus Bildmotiven gefügte Zeichenwelt in Gestalt seiner Gleichnisse. Dem folgte auf weiten Strecken auch der theologische Gedanke. Das platonische Modell des Aufstiegs zur Ideenschau blieb ebenso für Gregor von Nyssa (Der Aufstieg des Moses) wie für Augustin in seiner Ostia-Vision und noch für Bonaventuras „Itinerarium mentis in Deum" bestimmend, zumal er diese Schrift gleichzeitig an der Kreuzesvision seines

24 Näheres dazu in meinem Beitrag „Der visonäre Durchblick", in: K. Hurtz (Hrsg.), „Faust" in der Seele. Zeitgenossen meditieren Goethe, Regensburg 1995, 19–24.

Ordensvaters FRANZ VON ASSISI orientierte. Nicht umsonst umfängt der Schöpfer in MICHELANGELOS Erschaffung des Adam mit seiner Linken eine Gruppe von puttenähnlichen Gestalten: Verkörperungen der Ideen, nach denen dieser Bildertradition zufolge die Kreaturen von Gott entworfen und verwirklicht wurden.

Dann aber, auf der Höhe des Mittelalters, setzte sich die These durch, dass mit Bildern nicht argumentiert und dass aus Bildern demgemäß auch keine Lehren abgeleitet werden können: theologia symbolica non est argumentativa. Damit begann ein innertheologischer Ikonoklasmus, der zur systematischen Verdrängung der Bildmotive durch Begriffe führte. Und mit den Bildern wurde die ästhetische Dimension insgesamt abgestoßen. Doch der Gewinn gestaltete sich zum Verhängnis. Denn auch für die Theologie gilt: Begriffe ohne Anschauung sind blind. Die Systemtheologie erblindete; sie verlor vor allem an Zeitsichtigkeit – ein Verlust, der sich angesichts der mit mächtigen Lettern an die Wand der Epoche geschriebenen Zeichen der Zeit als besonders abträglich herausstellen sollte.

Als Hindernis auf dem Weg zur wissenschaftlichen Vollgestalt wurde schließlich auch die soziale Dimension empfunden, obwohl JOHANN ADAM MÖHLER in seinem Jugendwerk „Die Einheit in der Kirche" darauf bestanden hatte, dass nicht schon der Einzelne, sondern erst die schon im Epheserbrief (4,13) beschworene Glaubensgemeinschaft der vielen als das vollgültige Subjekt der Gotteserkenntnis gelten könne.[25] Dennoch kam es zu einer subjektivistischen Verengung des theologischen Gedankens, die schließlich dazu führte, dass die theologischen Entwürfe nicht mehr so sehr nach den jeweiligen Richtungen – dialektisch, liberal, neu-

---

25 J. A. MÖHLER, Die Einheit in der Kirche, Tübingen 1843, 100.

scholastisch, hermeneutisch – als vielmehr nach ihren Schöpfern – Barth, Bultmann, Guardini, Rahner – bezeichnet und damit auf individuelle Denkleistungen zurückgeführt wurden.[26]

Die Selbstkorrektur

Wie die Erwähnung Möhlers zeigt, regten sich aber auch Gegenkräfte, die auf eine Revision der aufgezeigten Entwicklung hinarbeiteten. Tatsächlich kam um die Jahrhundertwende ein Prozess in Gang, der im Zug einer umfassenden Selbstkorrektur auf die Wiedereinholung der abgestoßenen Dimensionen hinarbeitet und der nun in rückläufiger Abfolge skizziert sei. Dass dabei mit der Rückgewinnung des Sozialbereichs der Anfang gemacht werden muss, ergibt sich nicht zuletzt auch daraus, dass ihr im Feld der wissenschaftlichen Medizin eine analoge Entwicklung entspricht. Während der Hauptstrang der Gegenwartstheologie noch immer von Entwürfen bestimmt ist, die ihr Gepräge dem unverwechselbaren Gesicht ihres Schöpfers verdanken und in dieser Herkunft aus einer individuellen Denkweise ihr „Gütesiegel" haben, setzte sich Hans Schaefer im Feld der wissenschaftlichen Medizin mit seinem Konzept einer Sozialmedizin für die Einbeziehung der Sozialfaktoren in den medizinischen Forschungs- und Aktionshorizont ein. Im Feld der Theologie war es die von Jürgen Moltmann und Johann Baptist Metz entwickelte politische Theologie, die vor allem in ihrer Fortbildung zur lateinamerikanischen Befreiungstheologie auf die Einbeziehung der Gemeinschaft in den Begriff des Glaubenssubjekts ausging und dadurch

[26] Dazu J. B. Bauer (Hrsg.), Entwürfe der Theologie, Graz 1985.

auf die längst überfällig gewordene „Entprivatisierung“ des theologischen Denkens.[27]
Was die Wiedereinholung der ästhetischen Dimension anlangt, so ist zunächst auch hier ein retardierendes Moment zu verzeichnen, sofern der expressionistische Aufbruch zu Beginn des Jahrhunderts nur zu bald in sein Gegenteil umschlug, vor allem in Gestalt der nationalsozialistischen Kulturpolitik und der durch sie entfesselten bilderstürmerischen Exzesse. Umso mehr ist im Hinblick darauf an den von einer anhaltenden Lebenstragik überschatteten MARTIN DEUTINGER zu erinnern, der als erster gegenüber einer zunehmend „abstrakt“ gewordenen Theologie (MÜLLER-SCHWEFE) auf den Wert der künstlerischen Glaubenszeugnisse abhob.[28] In seine Spur trat HANS URS VON BALTHASAR mit seiner unter dem Titel „Herrlichkeit“ erschienenen mehrbändigen theologischen Ästhetik, wenngleich im Unterschied zu Deutingers umfassenderem Ansatz mit einer auf Philosophie und Literatur eingeengten Perspektive.[29] Inzwischen sprechen deutliche Anzeichen dafür, dass der Eigenwert des künstlerischen Glaubenszeugnisses, der der alten Kirche noch klar vor Augen gestanden haben muss, wiederentdeckt und mit der Erkenntnis begründet werden muss, dass der große Künstler über einen eigenen intuitiv-invasiven Zugriff auf das religiöse Mysterium verfügt, so dass seinem Werk ein eigener, von Theologie und Verkündigung zu berücksichtigender Erkenntnis- und Aussagewert zukommt. Doch

---

27 Dazu CL. BUSSMANN, Befreiung durch Jesus? Die Christologie der Lateinamerikanischen Befreiungstheologie, München 1980, 27.

28 F. WIEDMANN, Martin Deutinger (1815–1864), in: Katholische Theologen Deutschlands im 19. Jahrhundert II, München 1975, 265–292.

29 V. SPANGENBERG, Herrlichkeit des Neuen Bundes. Zur Bestimmung des biblischen Begriffs der „Herrlichkeit“ bei Hans Urs von Balthasar, Tübingen 1993, 4–23.

weckt die moderne Kunst tatsächlich die Hoffnung auf eine Wiederkehr der Bilder?
Demgegenüber muss die Funktion der auf die Wiedergewinnung der Heilkraft ausgerichteten therapeutischen Theologie zunächst negativ bestimmt werden. Keinesfalls kann es ihr darum zu tun sein, das an die wissenschaftliche Medizin abgetretene Territorium zurückzugewinnen und sich auf die Seite der Gesundbeter und Geistheiler zu schlagen. Das bringt der zwischen Bedauern, Bewunderung und Ironie oszillierende Satz zum Ausdruck: *Die Wunder Jesu sind in die Hände der Ärzte gefallen.* Bewunderndes Bedauern und bedauernde Bewunderung mischen sich in diesem Satz, weil der Theologie mit der großen Diastase etwas verloren ging, was zu den Prärogativen der Lebensleistung Jesu zählte. Dass im Blick auf derartig spektakuläre Leistungen wie die der Transplantationstechnik von „Wundern" gesprochen werden kann, hängt nicht zuletzt mit der von SIGMUND FREUD in seinem Essay „Das Unbehagen in der Kultur" entwickelten These zusammen, dass sich die moderne Hochtechnik von der Seite des um Daseinserleichterung bemühten Menschen auf die des träumenden geschlagen und sich auf die Realisierung dessen konzentriert habe, wovon die Menschheit seit Jahrtausenden träumte: von dem in den Atomreaktoren gebändigten „himmlischen Feuer", von der in der Mondlandung gelungenen Sternenreise und von dem in der Transplantationstechnik verwirklichten „kalten Herzen" (HAUFF); denn in all diesen Fällen wurden Utopien realisiert, ähnlich der in den Wundern Jesu vorweggenommenen Utopie des Gottesreiches.
Demgegenüber bezieht sich der ironische Unterton des Satzes auf die für beide Teile fatalen Rückwirkungen der Diastase, die, physiologisch ausgedrückt, zu einer jeweiligen „Verkrampfung" führten: der Theologie in Form einer sich

aus dem nachwirkenden Aristotelismus erklärenden vergegenständlichenden Denkweise, die die Mysterien zu satzhaft umschriebenen Objekten des Glaubens gerinnen ließ. Aber auch der Medizin, die auf durchaus vergleichbare Weise den Patienten zum „Fall" denaturieren musste, um ihre diagnostischen und therapeutischen Instrumentarien erfolgreich auf ihn ansetzen zu können. So aber geriet der untersuchende und behandelnde Mediziner in die Position des „verwundeten" Arztes, der sich nach PARACELSUS den Patienten „einbilden" und so in eine Leidensgemeinschaft mit ihm treten muss, um ihn heilen zu können. In der Selbstdarstellung Jesu als „Arzt" entspricht dem der Selbsteinwand, den er in der Kontroverse mit den Synagogenbesuchern von Nazaret in den Appell fasst: „Arzt, heile dich selbst!" (Lk 4,23).[30]

Wer dieser Verwundung auf den Grund geht, sieht den Arzt in einer komplizenhaften Konfrontation mit dem Tod, der ihm wie in dem Grimmschen Märchen „Gevatter Tod" durchaus Erfolge einräumt, die ihn in einem Rückzugsgefecht mit dem Arzt erscheinen lassen, der sich dafür aber zu gegebener Zeit auch zu rächen weiß. Eben dies ist die exakte Beschreibung der gegenwärtigen Kampflage. Zwar gelang es der wissenschaftlichen Medizin nicht nur, die statistische Sterbemarke bis ins achte Lebensjahrzehnt hinauszuschieben, sondern, erstaunlicher noch, fast alle akuten Krankheiten, darunter so verheerende wie Aussatz, Cholera und Tuberkulose fast vollständig zum Stillstand zu bringen. Indessen kam der aus der Lebenswelt verdrängte Tod durch die Hintertür wieder in diese herein. Und dies zunächst in Form einer Krankheit, für die es nicht einmal einen Namen

---

[30] Dazu U. BUSSE, Das Nazareth-Manifest Jesu. Eine Einführung in das lukanische Jesusbild nach Lk 4,16–30, Stuttgart 1977, 38ff.

gab, so dass sie bis zur Stunde mit dem Kunstwort Aids angesprochen werden muss. Ungleich gravierender schlägt jedoch die Tatsache zu Buch, dass im selben Maß wie die akuten Krankheiten beseitigt wurden, die Zahl der chronisch Kranken, denen mit den Mitteln der Wissenschaft nicht zu helfen ist, in beängstigendem Umfang wuchs. Doch die chronisch Kranken sind nach Einschätzung der gegenwärtigen Leistungs-, Konsum- und Genussgesellschaft die lebendig Toten, da sie weder als Leistungsträger noch als Konsumenten in Betracht kommen und zudem durch ihr Leiden genussunfähig geworden sind. Tote sind sie, schlimmer noch, auch infolge ihrer Selbsteinschätzung. Denn ihnen fehlt mit der gesellschaftlichen Beanspruchung der elementare Anstoß zur Sinnfindung: das Gefühl, gebraucht zu werden und für andere unentbehrlich oder doch wenigstens bedeutsam zu sein. Sich selbst in der wachsenden Einsamkeit ihrer Krankheit überlassen zu sein, vernichtet den Rest ihres Selbstwertgefühls, sodass sie sich als überflüssig, wenn nicht gar als Belastung für andere vorkommen, als Menschen also, die besser gar nicht mehr da wären.

Die Therapie

Hier setzt die positive Bestimmung dessen ein, was eine therapeutische Theologie vermag: *Sinn in der Wüste der vermeintlichen Sinnlosigkeit zu vermitteln.* Auch für die Verdeutlichung dieser Aufgabe bietet sich – wie das Michelangelo-Fresko für die Verbildlichung der schöpferischen Gottesideen – ein Kunstwerk an: das Kreuzigungsbild des Isenheimer Altars, der nach der Überlieferung eigens für die in das Antoniterhospital eingelieferten unheilbar Kranken geschaffen wurde, damit sie sich im Blick auf die Passion des Gottessohnes mit ihrem Leiden versöhnen lernten. Denn aus der auf den Gekreuzigten hinweisenden Geste des im blutroten Gewand seines Martyriums erscheinenden Täufers spricht eine Botschaft, die kaum sinnfälliger gemacht werden könnte und in ihrer einfachsten Fassung lautet: Leiden hat Sinn. Wenn der Sinnverlust, wie der Blick auf die Not der chronisch Kranken zeigte, letztlich von der Todesdrohung ausgeht, ist damit das Verhältnis des Christentums und seiner theologischen Interpretation zum Tod erfragt. Darauf aber lautet die Antwort: Das Christentum ist die einzige Religion, die es in ihrer Auferstehungsbotschaft *mit dem Tod aufgenommen* hat. Dann aber liegt es nah, dass sich das Prinzip dieser Todesüberwindung dort zeigen muss, wo die Sinnhaftigkeit des Leidens dem Fingerzeig des Isenheimer Altars zufolge aufscheint: am Kreuz. Wie die Todesdrohung in die Wüste der Sinnlosigkeit verstößt, so leuchtet im Kreuzestod Jesu der Inbegriff der Sinnfülle auf: die todüberwindende göttliche Liebe.

Doch darüber liegt eine zweifache Hülle. Eine erste in Gestalt der bis in die neutestamentlichen Schriften, jedoch nicht bis in die einschlägigen Äußerungen Jesu zurückzuverfolgenden Ansicht, dass er als Sühneopfer für die Sündenschuld der Welt sterben musste. Denn die scheinbar alle Fragen ausräumende Plausibilität dieser Satisfaktionsthese ist durch die Tatsache überschattet, dass sie eine Gottesvorstellung voraussetzt, die durch Jesus eindeutig überwunden worden war. In seiner zentralen Lebensleistung, die ihn als den größten Revolutionär der Religionsgeschichte, wenngleich im Sinn der sanftesten aller Revolutionen ausweist, hatte er den Schatten des Zornes und der Strafgerechtigkeit ersatzlos aus dem Gottesbild der religiösen Traditionen mit Einschluss der seines eigenen Volkes getilgt und darin statt dessen das Antlitz des bedingungslos liebenden Vaters zum

Vorschein gebracht. Und nicht nur dies! Durch die Opfer- und Sühnelehre wurde der Tod Jesu funktionalisiert und einem wenn auch noch so hohen Zweck unterworfen. Dabei hatte sich aber gerade die Philosophie dieses Jahrhunderts unter dem Eindruck der ungeheuren Ernte, die der Tod in dieser blutigsten Epoche der bisherigen Menschheitsgeschichte eingefahren hat, zu der Erkenntnis erhoben, dass der Tod des Menschen zweckfrei gedacht und behandelt werden müsse, weil sich in ihm definitiv klärt, was es mit dem Dasein des Sterbenden auf sich gehabt hat, weil es also, anders ausgedrückt, im Tod um die Sinnbestimmung des Menschseins geht.

Wenn aber diese Hülle vom Kreuze Jesu weggenommen wird, leuchtet in ihm spontan das auf, worin der Sinn seines in lückenloser Treue an Gott, an seine Sendung und an die Menschen hingegebenen Lebens bestanden hat: Liebe. Deshalb ging, metaphorisch gesprochen, in der Nacht von Golgota eine unsichtbare Sonne auf: die Sonne der von Jesus gelebten und auf seinen Gott zurückweisenden Liebe. Wie auf die Frage der Identität des Menschen antwortet diese Liebe auf die Frage nach dem Sinn seines Leidens, auch und insbesondere auf den des chronisch Leidenden.

Die zweite Hülle liegt auf den Augen derer, die diese aufleuchtende Antwort wahrnehmen sollten: auf den Augen der geängstigten Menschen. Denn die Angst ist der vorweggenommene, der täglich vorgefühlte Tod und darum wie dieser selbst, die Finsternis, die keinen Sinn erscheinen und erkennen lässt.[31] Da sie aber, wie KARL JASPERS schon vor Jahrzehnten sagte, zum Schicksal gerade des heutigen Menschen geworden ist, dessen Weg eine „so noch nie gewesene

---

[31] Dazu der Abschnitt „Der tägliche Tod: Die Angst“ in meinem Entwurf einer Modalanthropologie, 122–136.

Lebensangst“ verdunkelt, muss nach einer Instanz der Angstüberwindung Ausschau gehalten werden.[32] Auch dafür bietet sich im weiten Feld der Therapien keine so unmittelbar an wie das Christentum, das sich im selben Sinn, wie es den Kampf mit dem Tod aufnimmt, als die große Religion der Angstüberwindung erweist. Auch das klingt angesichts der seit Jahrhunderten eingeübten Praxis aller christlichen Konfessionen, die ungeachtet aller Differenzen darin übereinkommen, dass der unbotmäßige Mensch mit der Peitsche der Sünden- und Höllenangst zur Akzeptanz ihres Heilsangebots getrieben werden müsse, wie ein Märchen. Zu den geheimen Hoffnungszeichen der Gegenwart gehört aber fraglos die Tatsache, dass dieser Mechanismus – wie die Hinrichtungsmaschine in KAFKAS Parabel „In der Strafkolonie“ – in sich zusammenbricht, sodass mit der Suggestion von Ängsten nicht länger religiöse Pädagogik getrieben werden kann. Unaufhaltsam, so scheint es, setzt sich die mit der Lebensleistung Jesu gegebene Mitte des Christentums gegen alle Verstörungen durch, auch gegen die das Himmelslicht abblendende Wirkung der Angst.

Wenn nun aber beide Hüllen entfernt werden, kann sich im Kreuz nur das zeigen, wofür Jesus mit dem Einsatz seiner ganzen Geistes- und Herzenskraft gelebt hatte: bedingungslose Liebe. Dann ereignete sich in der Nacht von Golgota tatsächlich der Sonnenaufgang der alles durchglühenden göttlichen Liebe. Sie sagt den Einsamen, dass sie aufgenommen und beheimatet, den Verzweifelnden, dass sie anerkannt und verstanden, den Suchenden, dass sie angekommen, den Geängstigten, dass sie geborgen sind. Weil sich aber Sinn dort einstellt, wo ein Mensch in Anspruch genommen und gebraucht wird, heißt das für die chronisch Kranken, dass

[32] K. JASPERS, Die geistige Situation der Zeit (1931), Berlin 1971, 55.

sie nicht vergeblich leiden, weil Leiden Sinn hat. Denn Gott wird, wie der unter dem Namen Dionysius Areopagita verborgene große Denker der alten Christenheit sagt, mehr noch durch Leiden als durch Forschen erkannt: non discens, sed patiens divina.[33]

Die Praxis

Wenn man die Widerstände bedenkt, auf die Jesus bei der Verkündigung seiner Liebesbotschaft stieß, die ihm nicht nur (nach Joh 6,66) den Massenabfall, sondern letztlich sogar den Tod eintrug, wird die Frage nach der konkreten Vermittlung unabweislich. Sie wird sich, wie andere Aufgaben dieser Größenordnung, nur auf kooperativem Weg, also in einer Aktionsgemeinschaft von therapeutischer Theologie und medizinischer „Salutogenese“ (Bock) bewerkstelligen lassen. Dabei wird sich die Theologie in Erinnerung an die Bitte des um das Leben seines Untergebenen besorgten Hauptmanns „Sprich nur ein Wort, dann wird mein Diener gesund“ (Mt 8,8), in erster Linie auf die Wirkmacht des Wortes und auf die von der heutigen Linguistik weithin übergangenen Sprachqualitäten besinnen müssen. Denn durch die Engführung einer auf Entstehung und Realisierung des Informationstransfers konzentrierten Sprachanalyse, die auch durch die Einbeziehung der performativen Sprachleistungen (Austin) nicht zum Vollbegriff ihres Gegenstands gelangte, geriet die Tatsache aus dem Blick, dass Worte verletzen und kränken, nicht weniger aber auch aufrichten und

[33] Pseudo-Dionysius Areopagita, Von den göttlichen Namen, c. 2.

trösten können. Darauf müsste sich eine angewandte „Theotherapie“ konzentrieren.[34]
Im Einzelnen ginge es dabei um die Nutzung des „überführenden“ (elenchischen) Redens, das den Patienten zum Bewusstsein seiner inneren Sperren und Blockaden zu bringen sucht; um die des teilnehmenden (partizipierenden) Redens, das den Bann seiner Einsamkeit zu brechen sucht, um die des bestätigenden (aufrichtenden) Redens, das sein angegriffenes Selbstwertgefühl zu festigen sucht, zumal aber um die des tröstenden Zuspruchs, der freilich nur auf der Basis echter Einfühlung und Teilnahme wirksam wird.[35]
Dabei bedarf es vielfach medizinischer Unterstützung, weil sich gerade chronisch Kranke oft in einem solchen Stimmungstief befinden, dass ihnen mit „gutem Zureden“ allein nicht zu helfen ist. Indessen verfügt die wissenschaftliche Medizin über eine Vielzahl von medikamentösen, bewegungstherapeutischen, psychologischen und gruppendynamischen Mitteln, die erfolgreich zu dem Ziel eingesetzt werden können, die depressive Barriere zu durchbrechen. Da das Wort als naturales Medium zu gelten hat, ist überdies der Einsatz anderer Medien wie Bild und Ton – und hier besonders der schon bei Davids Harfenspiel (1 Sam 16,23) zu therapeutischen Zwecken verwendeten Musik – in Betracht zu ziehen.[36] Über den Heilungserfolg entscheidet aber letztlich die Frage, ob es auf dem Weg dieser Mittel gelingt, in dem Kranken den Glauben an seine Genesung zu wecken.

---

34 J. L. Austin, Zur Theorie der Sprechakte (How to do things with Words), Stuttgart 1972; dazu L. Bejerholm und G. Hornig, Wort und Handlung. Untersuchungen zur analytischen Religionsphilosophie, Gütersloh 1966; ferner meine Schrift „Menschsein und Sprache“, Salzburg 1989, 67–83.

35 Theologie als Therapie, 158–163.

36 Näheres dazu in meinem Entwurf einer Medien-Therapie, in: Der Deutsche Apotheker 49 (1997), 85–91.

Denn es sind nicht so sehr die eingesetzten Mittel als vielmehr die durch den Glauben freigesetzten Energien, die Linderung oder gar Heilung bewirken. Die entscheidende Weichenstellung aber besteht darin, dass dem Kranken zur Annahme seines Schicksals und damit seiner selbst verholfen wird. Deshalb lässt sich das Programm der therapeutischen Theologie in diesen einen Satz zusammenfassen: Das Leiden hat Sinn!

Die Mitte des Glaubens

Die Auferstehung des Gekreuzigten

Neben der Wiederentdeckung der therapeutischen Dimension im Zuge der Neuentdeckung Jesu, zu der die moderne Theologie auf breiter Front aufgebrochen ist, gewann die Annahme „versprengter Ostergeschichten" zunehmend an Boden. Wenn sich die Sprecher des Zweiten Petrusbriefs darauf berufen, „mit ihm auf dem heiligen Berg gewesen" und Ohrenzeugen der vom Himmel herab ertönenden Gottesstimme gewesen zu sein (Petr 1,16ff), ziehen sie die als lebensgeschichtliches Ereignis überlieferte Verklärungsszene insgeheim in die nachösterliche Perspektive, so dass sie, fast unmerklich, an die kollektive Ostererscheinung heranrückt, mit der das Matthäusevangelium seine Darstellung beschließt (Mt 28,16–20).[37]
Ähnliches gilt nach der Darstellung des Johannesevangeliums offensichtlich für das siebte und letzte der von Jesus gewirkten „Zeichen", für die Auferweckung des Lazarus.[38] Auch hier verdichtet sich der Eindruck, dass diese Szene in erster Linie als Vorwegnahme von Jesu eigenem Sterben gemeint ist, so dass sich Jesus hier als sein eigener Erwecker präsentiert. In seinem Machtwort erklingt dann die schon zu Beginn des Evangeliums angekündigte „Stimme" (Joh 5,28ff), die jetzt an ihn selbst als den ersten der im Grabe Liegenden ergeht und ihn zu neuem Leben ruft. Dementsprechend gewinnt dann auch seine Aufforderung *„bindet ihn los und lasst ihn gehen!"* (Joh 11,44) eine den Horizont der Erzäh-

---

[37] Dazu H. FRANKEMÖLLE und H. KERTELGE, Vom Urchristentum zu Jesus, Freiburg 1989, 448f.

[38] J. GNILKA, Johannesevangelium, Würzburg 1989, 90–94.

lung übergreifende Bedeutung.[39] So wurde sie tatsächlich von ALBERT SCHWEITZER verstanden, als er in der Schlussbetrachtung seiner „Geschichte der Leben-Jesu-Forschung" (von 1906) über deren Ergebnis bemerkte: „Es ist der Leben-Jesu-Forschung merkwürdig ergangen. Sie zog aus, um den historischen Jesus zu finden und meinte, sie könnte ihn dann, wie er ist, als Lehrer und Heiland in unsere Zeit hineinstellen. Sie löste die Bande, mit denen er seit Jahrhunderten an den Felsen der Kirchenlehre gefesselt war, und freute sich, als wieder Leben und Bewegung in die Gestalt kam und sie den historischen Menschen Jesus auf sich zukommen sah. Aber er blieb nicht stehen, sondern ging an unserer Zeit vorüber und kehrte in die seinige zurück.[40]

Die Fesseln

In seiner Hellsichtigkeit ist das ein bedenkliches Wort. Bedenklich, weil es von Schweitzers Überbetonung der Zeitbedingtheit und Zeitgebundenheit Jesu belastet ist, der ein personales Hineinwirken in die Geschichte undenkbar erschien; vor allem aber hellsichtig, weil es, zusammen mit der Leistungskraft der historischen Kritik, auch deren Unvermögen anspricht, die Gestalt Jesu wirklich zu fassen. Hierin übersteigt die Aussage sogar die Intention ihres Sprechers. Was heute jedoch mit Vehemenz ins Blickfeld drängt, ist das Motiv der nach Schweitzers Ansicht von der historischen Kritik gesprengten Fesseln der Kirchenlehre, weil der geradezu absurde Fall eingetreten ist, dass die Fesseln aus-

---

[39] Dazu mein titelgleicher Beitrag, in: Glaubensbewährung, Augsburg 1995, 9–28.

[40] A. SCHWEITZER, Geschichte der Leben-Jesu-Forschung, München und Hamburg 1966, 620.

gerechnet von Vertretern einer kritischen Theologie repariert und der Gestalt Jesu aufs Neue übergeworfen werden.
Schon im Disput mit EUGEN DREWERMANN war es dazu gekommen, dass sich namhafte Exegeten den Vorwurf zu Eigen machten, dass der umstrittene Theologe die – von HEINRICH HEINE geforderte – „Abschaffung der Sünde“ zugunsten religiöser Selbstfindung betreibe und sich damit gegen die Intentionen Jesu stelle. Dabei fielen sie sich insofern selbst in den Rücken, als sie die von der Forschung längst als sekundären Einschub erwiesene Schlüsselstelle – „deine Sünden sind dir vergeben“ (Mk 2,5) – in offensichtlich dogmatischem Interesse als authentisches Jesuswort zu erweisen suchten.[41] Es ist und bleibt jedoch eine vergebliche Liebesmühe, den historischen Jesus auf den Komplex der subjektiven Sünde festzulegen, da ihm nach Ausweis seines mit dem Bildwort vom „Tisch der Sünder“ umschriebenen Sozialverhaltens ungleich mehr an der „strukturellen Sünde“, verstanden als der Inbegriff der gesellschaftlichen Unrechtverhältnisse, und zumal an deren Opfern gelegen war. Insofern gelang es der Forschung in diesem Fall noch nicht einmal in ihrem eigenen Bereich, die Anbindung Jesu an die Kirchenlehre vom „Heiland der Sünder“ im subjektiven Verständnis des Wortes zu lösen, geschweige denn, dass sie mit ihren Ergebnissen für das allgemeine Glaubensverständnis bewusstseinsbildend geworden wäre.
Die ungleich schwerere Fessel, die Jesus in letzter Zeit aufs Neue übergeworfen wird, besteht jedoch in seiner Festlegung auf den Satisfaktionsgedanken. Denn für eine bis in die

[41] Dazu R. SCHNACKENBURG, Heil und Erlösung in biblischer Sicht, in: H. J. Pottmeyer (Hrsg.), Fragen an Eugen Drewermann, Düsseldorf 1992, 51–70; U. LUCK, Was wiegt leichter? Zu Mk 2,9, in: Vom Urchristentum zu Jesus, 103–108; ferner meine zusammen mit E. DREWERMANN verfasste Schrift „Welches Credo?“ (Freiburg 1993).

Abendmahlsworte zurückreichende und das Glaubensbewusstsein der Christenheit aufs Tiefste prägende Tradition steht es fest, dass der Tod Jesu sowohl von seinem Motiv wie von seiner Zweckbestimmung her eine Sühneleistung erbrachte. Denn Jesus wurde, dem programmatischen Wort des Römerbriefs zufolge „um unserer Sünden willen hingeopfert und zu unserer Rechtfertigung auferweckt" (Röm 4,25). Zwar führte die von ANTON VÖGTLE angeregte Forschung gegen diese Funktionalisierung des Todes Jesu schwerwiegende Bedenken ins Feld; doch bildete sich um den Dogmatiker RAYMUND SCHWAGER eine Theologengruppe, die, gestützt auf den anthropologischen Pessimismus RENÉ GIRARDS und die resignative Sebsteinschätzung des heutigen Menschen, den Sühnegedanken aufs Neue zu bekräftigen und christologisch zu verankern sucht.[42]

Der Hintergrund

Wenn man sich die befreiende Wirkung der Distanzierung Jesu vom Opfer- und Sühnekomplex vergegenwärtigt, drängt sich fast unabweislich die Frage nach den Gründen auf, die zur Wiederbelebung des traditionellen Konzeptes führten. Sie sind vermutlich zeit- und religionsgeschichtlicher Art. Angesichts der entsetzlichen Exzesse menschlicher Brutalität und Gewalt in diesem Jahrhundert liegt es nur allzu nahe, im Menschen mit BURKERT den homo necans zu sehen und mit GIRARD anzunehmen, dass sein Sozialverhal-

42 A. VÖGTLE, Grundfragen der Diskussion um das heilsmittlerische Todesverständnis Jesu, in: Offenbarungsgeschehen und Wirkungsgeschichte, Freiburg 1985, 141–167; R. SCHWAGER, Brauchen wir einen Sündenbock? Gewalt und Erlösung in den biblischen Schriften, München 1987; Ders., Der wunderbare Tausch. Zur Geschichte und Deutung der Erlösungslehre, München 1986.

ten auf die Nachahmung eines „Gründungslynchmordes" zurückgeht, obwohl im Sinne beider Hypothesen anzunehmen wäre, dass sich ein derart mörderisches Wesen längst ausgerottet haben müsste. Gegen den selbstzerstörerischen Hang eines derart primär aggressiven Wesens kämen auch die von Girard aufgewiesenen Übertragungsmechanismen auf die Dauer nicht auf.

Doch zu diesen zeitgeschichtlichen Motiven treten vermutlich religionsgeschichtliche hinzu, die insbesondere mit dem durch den Auschwitzkomplex extrem belasteten Verhältnis des Christentums zum Judentum zusammenhängen. Offensichtlich kommen hier gleichzeitig zwei gegensinnige Sperren ins Spiel. Obwohl es im Zug einer menschlichen Selbsterkundung erforderlich wäre, nach den anthropologischen Voraussetzungen von Auschwitz zu fragen und zumindest versuchsweise zu ergründen, welche Verunstaltung am Menschen geschehen sein musste, damit der geradezu industrialisierte Mord an Millionen unschuldiger Menschen geschehen konnte, besteht auf jüdischer Seite offensichtlich wenig Neigung, dieser Frage nachzugehen, vermutlich deshalb, weil davon, sicher nicht ohne Grund, ein Entlastungs- und Alibieffekt befürchtet wird. Dagegen wuchs unter gläubigen Juden die Neigung, an Auschwitz mit Hans Jonas die theologische Rückfrage zu stellen und die Folgen des Völkermords für den in der jüdisch-christlichen Tradition entstandenen Gottesbegriff auszuleuchten.[43]

[43] Dazu H. Jonas, Der Gottesbegriff nach Auschwitz. Eine jüdische Stimme, Frankfurt 1987; ferner mein Beitrag „Der Verlust der Attribute", in: A. Franz (Hrsg.), Glauben, Wissen, Handeln. Beiträge aus Theologie, Philosophie und Naturwissenschaft zu Grundfragen christlicher Existenz, Würzburg 1994, 3–16.

Die Annahme liegt nahe, dass die von Jonas gezogene Konsequenz, wonach nach Auschwitz die Attribute der Allmacht, Gerechtigkeit und Güte aufgegeben werden müssten, aus christlicher Sicht nicht nachvollziehbar war und die Tendenz aufkommen ließ, im Gegenzug dazu die noch als zentral geltenden Gottesattribute zu retten. Das aber konnte schwerlich effektiver geschehen als auf dem Weg einer Erneuerung der Satisfaktionslehre, die nach ihrer klassischen Begründung die Allmacht, Gerechtigkeit und Barmherzigkeit Gottes zur Voraussetzung hat.
Handelt es sich hier um eine spezifisch theologische Sperre, so im Fall der Sünde um eine vorwiegend pastorale, die überdies mit einer fast schon zur Selbstverständlichkeit gewordenen Akzentverschiebung im Spektrum der christlichen Botschaft zusammenhängt. Denn es wird kaum noch als befremdlich und schon gar nicht mehr als bedenklich empfunden, dass sich die Aussagen des kirchlichen Lehramts seit dem Konzilsende zunehmend auf den sozial- und sexualethischen Aspekt verlagerten, so dass sich der Eindruck durchsetzen könnte, das Christentum habe in erster Linie eine moralische Botschaft auszurichten. Kaum noch besteht Klarheit darüber, dass das Christentum zwar eine Moral hat, im Unterschied zum Judentum und Islam aber keine Moral ist, weil sich sein Zentralinteresse weniger auf die Erziehung als vielmehr auf die Erhebung des Menschen richtet.
Indessen liegt der Schwerpunkt zweifellos in der seit Jahrhunderten praktizierten Verklammerung von Sündenbewusstsein und Heilsangebot. Mit dieser schien das ideale Instrumentarium gefunden zu sein, den erlösungsbedürftigen Menschen den Kirchen zuzuführen; denn nichts treibe ihn, wie KIERKEGAARD in der nachträglich in seine „Einübung im Christentum" eingeschobenen und zuletzt doch wieder

zurückgenommenen „Moral“ behauptet, so effektiv in das absurde System des Christentums hinein wie das angsterfüllte Bewusstsein seiner Sündhaftigkeit.
Vermutlich war die Reaktion auf DREWERMANNS Rückfrage nach den Ursachen der Sünde deshalb so heftig, weil man davon die Beschädigung dieses Mechanismus befürchtete, vielleicht aber auch, weil dadurch die Kirchen im Sinne dessen, was ihnen OSKAR PFISTER längst schon angelastet hatte, in Verdacht gerieten, zusätzliche Sündenängste zu suggerieren, um die Gläubigen desto fester an sich zu binden.[44]
Nun steht aber außer Zweifel, dass dieser Mechanismus, erschüttert durch den vielfach wahrzunehmenden Schwund des Sündenbewusstseins, schon von sich aus in Auflösung begriffen ist. Doch wäre es verwegen, sich davon auch schon den Wegfall der damit gegebenen Sperre zu erwarten. Sie wird vielmehr, ebenso wie die theologische, nur auf dem Weg einer eindringlichen Analyse und der Bereitschaft, sie zu durchbrechen, zu beseitigen sein.

Die Rückfrage

Was das Problem der Sünde anbelangt, so gilt auch für Jesus selbst, dass ihm mehr an der Erhebung als an der Erziehung des Menschen gelegen ist. Zwar bindet er bei der Proklamation des Gottesreiches sein Heilsangebot an die Bedingung der Metanoia. Sie aber bezieht sich in ihrem ethischen Aspekt gerade nicht auf den Komplex der Verfehlungen, an denen sich das Sündenbewusstsein entzündet, sondern auf das, was der Veruntreuer der ihm anvertrauten Talente Gott

---

44 O. PFISTER, Das Christentum und die Angst. Mit einem Vorwort von THOMAS BONHOEFFER, Frankfurt und Berlin 1985.

schuldig geblieben ist und immer wieder schuldig bleibt. Von denen, die als Verirrte, Leidende oder Suchende zu ihm kommen, verlangt Jesus deshalb auch kein Sündenbekenntnis, sondern den Glauben. Selbst Paulus, der aufgrund seiner Verfolgertätigkeit allen Anlass zum Eingeständnis seines Unrechts gehabt hätte, nennt sich erst in den epigonalen Pastoralbriefen, nicht aber in seinen originären Äußerungen, den „ersten von allen Sündern" (1Tim 1,15). Dabei steht ihm ebenso wie Jesus der volle Ernst der Sünde vor Augen, die er sogar als eine frevelhafte Verstörung der menschlichen Gottebenbildlichkeit begreift (Röm 1,23). Doch weiß er zugleich, dass diese Verstörung nicht so sehr durch Versuche der Selbstkorrektur, so wichtig diese auch immer sind, behoben wird als vielmehr durch die Erhebung des Menschen auf den Stand der Gotteskindschaft. Denn als Gotteskind ist er (nach Röm 8,15) der Sphäre der Angst und damit der gefährlichsten Quelle seiner Bosheit und Aggressivität entrissen.

Die entscheidende Rückfrage gilt jedoch der Herkunft und Motivation des Sühnegedankens. Er drang, wie schon NIETZSCHE erkannte, erst nachträglich in das Christentum ein, in erster Linie wohl durch die Mitglieder jener Priestergruppe, die sich (nach Apg 6,7) der jungen Christengemeinde anschlossen und mit ihrem Wissen um den jüdischen Opferkult die Antwort auf die die Christen der ersten Stunde bedrängende Frage mitzubringen schienen, warum Jesus sterben und warum er den entsetzlichen Kreuzestod erleiden musste. Denn eine plausiblere Antwort auf das, wie Nietzsche formulierte, schreckliche Fragezeichen „Warum gerade so?" schien nicht denkbar als die sich nun geradezu aufzwingende: Er starb als das alle früheren Opfer unendlich überbietende Sühnopfer „nicht nur für unsere Sünden, sondern für die Sünden der ganzen Welt" (1 Joh 2,2). Damit übernahm Jesus nicht nur die Rolle des sühnenden Stellvertreters der Menschheit vor dem Angesicht Gottes, sondern gleichzeitig auch eine psychologische Funktion: Er stand, wiederum stellvertretend, für das Bedürfnis des Menschen nach Selbstbestrafung und Sühneleistung, das seinem Sündenbewusstsein entsprungen war. Durch ihn, so schien es, war das Problem, das die Sünde zwischen Gott und der Menschheit aufgeworfen hatte, auf nicht hinterfragbare Weise gelöst.

Das Defizit

Und doch krankte diese Lösung an einem mehrfachen Defizit. Zunächst an einem religionsgeschichtlichen; denn mit dem Kreuzestod seines Sohnes schien Gott (nach Joh 3,26) gerade jenes Menschenopfer gefordert und angenommen zu haben, das dem ebenso dazu aufgeforderten Abraham erlassen worden war. So gesehen fiel Gott mit dieser Forderung hinter eine von ihm selbst überschrittene Schwelle zurück, und er schien, radikaler noch gefolgert, den Weg wieder dazu freigegeben zu haben, dass Menschen für die Sache der Religion „geopfert“ wurden. Konnten sich dann aber nicht auch jene insgeheim gerechtfertigt fühlen, die der religiösen Sache mit geistiger und physischer Gewalt Bahn zu brechen suchten? Wie aber vertrug sich das mit dem nachdrücklichen Einspruch dessen, der als einzige Gewalt die der „Gewalttäter“ anerkannte, die (nach Mt 11,12) das Gottesreich an sich zu reißen suchen?

Doch diesem ersten Rückfall entsprach ein ungleich schwererer, der das Verhältnis des Sühnegedankens zur Umkehrpredigt Jesu betrifft. Sie proklamierte die Heraufkunft des Gottesreichs und band die Zugehörigkeit zu ihm ausschließlich an die Bereitschaft der Hörer zum Sinneswandel und zum Glauben. In diesem Sinne fasst der Markus-Evangelist den Beginn der Heilsverkündigung Jesu in die folgenden Worte zusammen: „Als Johannes ins Gefängnis geworfen worden war, durchzog Jesus das galiläische Land und sprach: Die Zeit ist erfüllt und das Reich Gottes nahegekommen. Kehrt um und glaubt an die Heilsbotschaft!" (Mk 1,14ff).[45]

Nichts deutet darauf hin, dass Jesus im Fortgang seines Wirkens dessen Effizienz mit der Bedingung seines Opfertodes verbunden hätte, oder dass Umstände eintraten, die ihn nötigten, sein Leben, wie es der Sühnegedanke will, in die Waagschale seines Wollens zu werfen. Auch der Massenabfall, der zweifellos als die schwerste Zäsur im Wirken Jesu zu gelten hat, bot dafür keine Nötigung. Zwar zogen sich die Wolken des Todesverhängnisses von diesem Zeitpunkt an immer bedrohlicher über ihm zusammen. Doch besagt das keineswegs, dass er die Akzeptanz seines Schicksals mit seiner Verkündigung verknüpft hätte; vielmehr spricht diese unverändert aus seinem angesichts des nahen Todes gesprochenen Verheißungswort: „Wahrlich, ich sage euch, von nun an werde ich nicht mehr von der Frucht des Weinstocks trinken bis zu dem Tag, an dem ich davon neu trinke im Reiche Gottes" (Mk 14,25).[46]

Wohl aber überlagerte der Sühnegedanke in der späteren Auslegung die Verkündigung Jesu in einer Weise, dass der Zugang zum Heil nun ausschließlich an seinen Opfertod, nicht mehr jedoch an die glaubenerweckende Kraft seiner Proklamation des Gottesreiches gebunden schien. Vermutlich hatte das überdies zur Folge, dass der Sinn für die einzigartige Sprachleistung Jesu verkümmerte und dass die von ihm geschaffene

---

[45] Dazu J. GNILKA, Jesus von Nazaret. Botschaft und Geschichte, Freiburg 1990, 153f.

[46] Dazu L. SCHENKE, Die Urgemeinde. Geschichtliche und theologische Entwicklung, Stuttgart 1990, 111f.

Welt der Gleichnisse nicht mehr als das Medium der Einübung – und geistigen Einbürgerung – in das von ihm gleicherweise proklamierte wie verkörperte Gottesreich begriffen wurde.[47] Wenn aber das anzunehmen ist, kommt auch ein drittes Defizit zum Vorschein, demzufolge die Satisfaktionstheorie insgeheim einen Immunisierungseffekt verfolgt. Dann müsste ihm allerdings ein unterschwelliges Wissen um das zugrundeliegen, was im Fall der Suspendierung des Satisfaktionsgedankens zwischen Gott und der Welt geschehen oder doch denkbar werden konnte. Auf eine solche Ahnung deutet der Schluss von ANSELMS „Cur Deus homo“ – dieser folgenschwersten Ausarbeitung des Satisfaktionsgedankens – hin, wenn er Gott in eine Zwiesprache mit dem Sünder treten lässt, die, als Vollzug genommen, einer Aufhebung der ganzen Argumentationsfigur nahekommt, weil sie den Sühnegedanken zugunsten einer mystischen Begegnung hinter sich lässt. So wirkt schon Gottes Aufforderung: „Nimm hin meinen Eingeborenen und gib ihn für dich!“ Erst recht aber spricht dafür der Fortgang des Wechselgesprächs, in das sich nun der Geopferte selbst mit dem Ansinnen einmischt: „Nimm mich hin und erlöse dich!“ (II, c.20).
Es gehört zu den tragischen Seiten der Theologiegeschichte, dass die Vertreter der Satisfaktionslehre Anselm nur bis in seine Argumentation, nicht aber bis zu diesem Höhepunkt folgten, wo er die Leiter, auf der er emporgestiegen war, abwirft, um unbeschwert von der Form des Aufstiegs in die Dimension des von ihm zuletzt erreichten Gottesverhältnisses einzutreten. Ursache dessen war die Nachwirkung der

47 Dazu die Ausführungen meines Jesus-Buchs „Der Freund. Annäherung an Jesus“, München 1989, 122–150; ferner der wichtige Hinweis von F. PORSCH in seiner Schrift „Viele Stimmen – ein Glaube. Anfänge, Entfaltung und Grundzüge neutestamentlicher Theologie“, Kevelaer und Stuttgart 1982, 78f.

im Grunde schon gesprengten Fessel, die das Heil an das Sündenbewusstsein band und das eine nur als Aufhebung des andern denkbar erscheinen ließ, zweifellos aber auch die Suggestion, welche die neuerdings in Umlauf gekommene pessimistische Einschätzung des Menschen angesichts der grauenhaften Anhäufung von Gewalt und Morden in diesem blutigsten Jahrhundert der bisherigen Menschheitsgeschichte ausübte. Dazu kam – und darin besteht der angenommene Immunisierungseffekt –, dass der auf den Zwiespalt im Gottes-, Welt- und Selbstverhältnis des Menschen abgestimmte Satisfaktionsgedanke diesen gerade von dem abschirmte, was bei dessen Suspendierung mit aller Macht zum Vorschein gekommen wäre: von seiner Herausforderung durch den auf die Verwandlung der gesamten Lebenswelt drängenden Gott der bedingungslosen Liebe. Wenn es dagegen bei dem alten Zwiespalt blieb, verblasste die Strahlkraft dieses Gottesbildes und schwand die von ihm ausgehende Insinuation, sofern der religiöse Akt dann nicht geradezu auf eine Bestätigung des Bestehenden hinauslief.

Indessen wird dieses dreifache Defizit bei weitem von einem letzten überboten, das sich daraus ergibt, dass sich die Deutung des Kreuzestodes als Sühnopfer über die göttliche Interpretation hinwegsetzte, die dieser Tod durch die Auferstehung Jesu erfuhr.[48] Denn durch die Auferstehung wurde der Gekreuzigte nicht nur auf einzigartige Weise gerechtfertigt; sie erwies seinen Tod auch, wie dies Paulus in seiner Damaskusstunde erfuhr, als einen Gipfel der göttlichen Selbstoffenbarung. Durch sie gab Gott dem Kreuzestod Jesu die authentische Deutung, die in dem blutigen Text des Kreuzes (nach 2 Kor 4,6) sein Wesensgeheimnis, die

[48] Dazu die Ausführungen meiner Schrift „Paulus: Zeuge, Mystiker, Vordenker", München 1992, 217–221.

bedingungslose Liebe, aufscheinen ließ. Nur in Form einer Mutmaßung lässt sich freilich die Tatsache erklären, dass diese göttliche Interpretation von der scheinbar plausibleren des Opfertodes überlagert und von dieser aus dem Glaubensbewusstsein verdrängt wurde. Wie konnte es dazu kommen?

Grundsätzlich geantwortet: weil eine zweckhafte Erklärung unmittelbarer einleuchtet als eine strenge Sinndeutung. Demgegenüber wird eine genetische Erklärung von der sich aus unterschiedlichen – psychologischen wie kommunikationstheoretischen – Gründen verzögernden Rezeption des Osterglaubens auszugehen haben. Darauf könnte die „Schwerfälligkeit" und „Herzenshärte" hinweisen, die der Auferstandene den von seiner Erscheinung überraschten Jüngern wiederholt zum Vorwurf macht. Darauf dürfte aber auch der Umstand zurückzuführen sein, dass sich der Prozess der Versprachlichung des Osterereignisses nur stufenweise vollzog, da für das, was in dieser Welt der Todverfallenheit noch nie der Fall war, keine angemessene Vokabel bereitstand, so dass zunächst von Offenbarung (Gal 1,16), sodann von „Erhöhung" (Phil 2,9) gesprochen wurde, bis sich schließlich der Endbegriff „Auferstehung" einstellte.[49] Solange dieser Prozess nicht abgeschlossen war, fehlte aber der volle Impuls, der zur systematischen Erinnerung an den historischen Jesus bewog und zur Entstehung jenes Lebensbildes führte, dessen die göttliche Interpretation bedurfte, um wirklich verstehbar zu sein. Da die Verzögerung aber, wie die gegenwärtige Krise des Osterglaubens zeigt, noch immer anhält, müssen durchschlagende Gründe angeführt werden, die zum Abwurf der eingangs erwähnten Fesseln bewegen. Spiegelbildlich zur Reihenfolge, in der von ihnen

49 A. a. O., 219ff.

die Rede war, sei zunächst der zentral theologische und dann ein anthropologischer Beweggrund angeführt.

Das Zentralereignis

Wenn die Lehre von der Kanonizität und Inspiration der neutestamentlichen Schriften einen hermeneutischen Sinn hat, dann gewiss den, dass sie auf ihre Mitte hin gelesen werden müssen. Die aber bildet zweifellos die Gottesverkündigung Jesu, weil sein Werk nur dann über eine eigene religiöse Identität verfügt und weil aus diesem nur dann eine Weltreligion eigenen Rechts und Ranges hervorging, wenn er der Menschheit zu einem neuen Gottesverhältnis verhalf. Zu einem neuen Gottesverhältnis aber sah sich Jesus ebenso durch seine Gebetserfahrung wie durch die politische Situation seines Volkes gedrängt. Durch diese, sofern es für ihn darum ging, den Zeloten, die nach seiner Voraussicht im Begriff standen, Israel ins Verderben zu stürzen, den religiösen Vorwand ihres Freiheits- und Rachekampfes aus der Hand zu schlagen und sein Volk dadurch vor dem absehbaren Untergang zu bewahren.[50] Die ungleich tiefere Motivation bestand jedoch in seiner Gebetserfahrung, über die die ersten Vaterunser-Bitten den verlässlichsten Aufschluss geben.[51] Im Licht der Bitte um die Heiligung des göttlichen Namens muss ihm deutlich geworden sein, dass Gott von ihm mit jenem Namen angerufen werden wollte, der in seinem Mund einen völlig neuen Klang und Sinn gewann und

---

[50] Dazu L. SCHENKE, A. a. O., 295ff.

[51] A. a. O., 99ff; ferner die Ausführungen meiner Schrift „Glaubensbekenntnis und Vaterunser. Eine Neuauslegung“, Düsseldorf 1994, 138–144.

den er schließlich seinem Modellgebet voranstellte: mit der Zärtlichkeitsanrufung „Abba – Vater“.[52]
Damit fasst er das Gottesverhältnis, in das er sich hineingenommen wusste, in den einzig zutreffenden Ausdruck; denn mit dieser Anrede durchbrach er die Mauer der Unnahbarkeit Gottes; mit ihr überbrückte er den Abgrund der Gottesferne, mit ihr erschloss er den Zugang zum Herzen Gottes, und nicht zuletzt schlug er mit ihr das in der Apokalypse (14,6) angekündigte „ewige Evangelium“ auf.
Zusammen mit der politischen Motivation veranlasste ihn das zu jenem Eingriff in das traditionelle Gottesbild der Menschheit, der ihn zum größten Revolutionär der Religionsgeschichte werden ließ. Im Zug dieser wahrhaft „sanften“ Revolution beseitigte er den Schatten des Grauen- und Schreckenerregenden aus dem Bild des gleicherweise „grausamen und gütigen“ Gottes, von dem noch Martin Buber am Schluss seiner „Reden über das Judentum“ gesprochen hatte, um darin statt dessen das Antlitz des bedingungslos liebenden Vaters zum Vorschein zu bringen.[53] Deshalb tilgt er den „Tag der Rache“ ersatzlos aus der jesajanischen Verheißung, die er in sich selbst erfüllt sieht (Lk 4,19), und deshalb fordert er Feindesliebe, indem er auf den Gott verweist, dessen Güte sogar die „Undankbaren und Bösen“ umfängt (Lk 6,35).
Auf diese ethische Konsequenz folgt eine zweite, institutionskritische, die das Schlüsselwort umschreibt: „Der Sabbat ist für den Menschen da und nicht der Mensch für den Sabbat“ (Mk 2,27), ein Wort, das wie in einem Vorgriff auf Kants kategorischen Imperativ den Menschen zum Selbstzweck erklärt und ihn dadurch in die Freiheit von allen gesell-

[52] A. a. O., 146–150.
[53] M. Buber, Der Jude und sein Judentum, Köln 1963, 182f.

schaftlichen Bindungen und Zwängen entlässt. Auf Jesus selbst zurückbezogen, legt dieses Wort eine dritte Konsequenz nahe, die sich jetzt auf das Erlösungsverständnis und damit auf die entscheidende Fessel in Gestalt der Satisfaktionslehre bezieht. Denn wie konnte der Gott der bedingungslosen Liebe, in dem (nach 1 Joh 1,5) „keine Finsternis", am wenigsten die der Rache und Strafgerechtigkeit ist, von seinem vielgeliebten Sohn den Kreuzestod fordern, und, falls er dies doch verlangt hätte, welche Genugtuung konnte er angesichts seiner Todesqualen empfinden? Das ist die Frage, die sich umso dringlicher stellt, als unter allen Analogien zwischen Schöpfer und Geschöpf keine so wenig von der Unvergleichlichkeit Gottes beeinträchtigt wird wie die der menschlichen Vaterliebe.

Zweck und Sinn

Dass so weitergefragt werden konnte, ist die Folge des zweiten – anthropologischen – Grundes, der sich aus dem Todesverständnis ergibt, das sich unter dem Eindruck des massenhaften Sterbens in dem zuendegehenden Jahrhundert entwickelte. Es kulminiert in der Einsicht, dass der Tod als das integrierende Endereignis des Menschenlebens zu gelten hat und dass er deshalb zweckenthoben, als reiner Selbstzweck, begriffen werden muss. Einem Zweck unterworfen, verlöre er, zusammen mit der in ihm auslaufenden Lebensgeschichte, seine Bedeutung und seine Würde. Denn im Tod kommt, so lautet die Schlussfolgerung aus dieser Erkenntnis, der Sinn eines Menschenlebens definitiv zum Vorschein.

Mit dem Satisfaktionsgedanken wurde nun aber im Gegensatz dazu eine Zweckbestimmung an den Tod Jesu herangetragen, die seinen Sinn verdeckte. Wird sie auch nur versuchsweise aufgehoben, so leuchtet dieser Sinn spontan auf. Denn in dem Gott, den Jesus für sein Volk und für die Menschheit entdeckte, spiegelt sich das, was er lebte und war. Wenn FICHTE meinte, dass die Philosophie eines Denkers letztlich davon herrühre, was für ein Mensch er sei, darf auch von der Gottesverkündigung Jesu auf seinen Lebens- und Selbstvollzug zurückgeschlossen werden. Dann aber entsprach der Gott der bedingungslosen Liebe, den er wie eine Sonne über der in Todes- und Gottesangst befangenen Welt aufgehen ließ, seinem Leben der vorbehaltlosen Hingabe an Gott, an seine Sendung und an die Menschen, die durch diese für Gott gewonnen werden sollten. Es war eine Hingabe, die ihn zugleich auf einem dem gewohnten entgegengesetzten Weg zu sich selbst kommen ließ. Jener führt durch Akte der Abgrenzung und Unterscheidung zum Selbstbegriff. Jesus fand auf dem Weg der Selbstübereignung und Hingabe zu sich, wie es die johanneische Formel „Ich in ihnen und du in mir" (Joh 17,23) zum Ausdruck bringt. Doch das hatte er bereits in einem lebensgeschichtlichen Logion vorweggenommen, als er sein Wirken auf die grundsätzliche Formel brachte: „Denn der Menschensohn ist nicht gekommen, sich bedienen zu lassen, sondern zu dienen" (Mk 10,45).

Wenn der Tod das ratifiziert, was ein Mench war und lebte, bringt der Kreuzestod Jesu den Sinn seines Lebens zum Vorschein, und dies in der für die Sinnerschließung angemessenen Form. Denn der Sinn kann nur entdeckt und gefunden werden, sofern er sich darstellt, klärt und zeigt. Doch dafür bietet sich kein Begriff so direkt an wie der der „Fulguration", mit dem KONRAD LORENZ im Rückgriff auf den Sprachgebrauch der Mystik „den Vorgang des In-Existenz-Tretens von etwas vorher nicht Dagewesenem" im biologischen

Evolutionsgang zu verdeutlichen sucht.[54] Die Umschreibung trifft in gesteigerter Weise auf die Sinnenthüllung im Tode Jesu zu. Denn sie markiert nicht nur die Art des Vorgangs, den sie als ein aufblitzendes In-Erscheinung-Treten bezeichnet, sondern verweist mit der Betonung des vorher noch nicht Dagewesenen auch schon auf seinen Inhalt. Im Aufleuchten seiner Liebe, die sich im Modus vorbehaltloser Selbstübereignung vollzog, ereignete sich das, was in dieser Welt der Interessen, der Selbstsucht, der Rivalitäten, der Aggressionen und des Hasses noch nie der Fall war: Der Einbruch eines Prinzips, das dazu im kontradiktorischen Gegensatz stand und als solches darauf ausging, diese Welt der Negativität und des Vergehens auf die Basis einer reinen Positivität zu stellen: der Einzug des Prinzips Liebe. Wenn NIETZSCHE in der Parabel vom „tollen Menschen" von einer höheren Geschichte spricht, „als alle Geschichte bisher war", trifft er damit nicht, wie er meinte, die Konsequenz des von ihm proklamierten Todes Gottes, wohl aber die des Kreuzestodes Jesu, der, so gesehen, als der Elementar- und Gründungsakt dessen erscheint, was der Begriff „Reich Gottes" als Daseinsentwurf umreißt.

In dieser Bedeutung ist die am Kreuz Jesu sich manifestierende Liebe freilich erst dann zu ersehen, wenn sie in ihrer todüberwindenden Effizienz, und das besagt, als Beweggrund seiner Auferstehung, begriffen wird. Denn in dieser Sicht kommt die in ihr waltende Heilsmacht Gottes zum Vorschein. Wie diese Macht den Sterbenden in ihre Wirklichkeits- und Lebensfülle aufnimmt, so zieht sie die von seiner Liebe umfangene Menschenwelt zu sich empor. Für die Welt bedeutet das ihre Verwandlung in die Seinsform des Gottes-

---

54 K. LORENZ, Die Rückseite des Spiegels. Versuch einer Naturgeschichte menschlichen Erkennens, München 1977, 47.

reiches, für die Menschen die Erhebung zur Gotteskindschaft. Darin besteht die „Fruchtbarkeit“ dieser Liebe, von der das Bildwort von dem sterbenden und zu reicher Frucht erstehenden Weizenkorn (Joh 12,24) spricht.

Die Bewegung

In seinem Rückblick sprach ALBERT SCHWEITZER davon, dass in die vom Felsen der Kirchenlehre losgekettete Gestalt Jesu „Leben und Bewegung“ gekommen, dass er dann aber an unserer Zeit vorübergegangen und in die seine zurückgekehrt sei. Nachdem der Gedankengang zunächst darauf ausging, die beiden wirksamsten Fesseln zu sprengen, stellt sich nunmehr die Frage, ob tatsächlich Leben und Bewegung in die Gestalt des Losgeketteten kam und, sofern dies tatsächlich eintrat, wohin ihn die in Gang gekommene Bewegung führte.

Die Antwort kann nur dort ansetzen, worauf das Ereignis der im Tod Jesu manifestierten Liebe letztlich hinausläuft: bei seiner Auferstehung, und dies umso mehr, als sie sowohl im allgemeinen Glaubensbewusstsein als auch innertheologisch ins Zwielicht geraten ist. Dort, sofern sie von einer erschreckend hohen Anzahl von Christen gegen die asiatische Reinkarnationsvorstellung ausgetauscht wird; hier, sofern eine Tendenz zur Marginalisierung ihrer Bedeutung für die Konstituierung des Glaubens festzustellen ist.[55] Dem kann nur mit Entschiedenheit die insbesondere von Paulus bekräftigte Zentralstellung der Auferstehung entgegengehalten werden, der ebenso konstitutive Bedeutung für die

---

55 G. LÜDEMANN, Die Auferstehung Jesu. Historie, Erfahrung, Theologie, Göttingen 1994, 218; dazu H. VERWEYEN (Hrsg.), Osterglaube ohne Auferstehung? Diskussion mit Gerd Lüdemann, Freiburg 1995.

Ausgestaltung des Glaubens wie für den Aufbau der Kirche zukommt. Für diesen, sofern die im paulinischen Zeugenkatalog (1Kor 15,3–8) namentlich genannten Kephas und Jakobus die Spitzenpositionen in der Urgemeinde einnahmen und damit die hierarchische Kirchenstruktur begründeten. Vor allem aber für die Signatur des Glaubens, da der scheinbar am Kreuz Gescheiterte und von Gott Verworfene durch die Auferstehung ins Licht höchster religiöser Bedeutsamkeit trat, so dass von nun an Würdeprädikate wie „Menschensohn", „Messias", „Gottessohn" und „Kyrios" von ihm ausgesagt werden konnten. Jetzt wurde der verkündigende Jesus zum verkündigten Christus, der „Wegbereiter des Glaubens", wie ihn der Hebräerbrief (12,2) nannte, zu dessen Inhalt und Gegenstand und der Lehrer seiner Jüngergemeinde zum Inbegriff der Lehre.[56]

Doch dieser Prozess führte nicht nur zur Strukturierung der Lehre, sondern ließ in der Folge auch den Auferstandenen selbst zu deren, wenngleich zentralem Gegenstand werden. Das brachte es schließlich mit sich, dass die Qualität des Glaubens mehr an der Richtigkeit der von ihm ausgesagten Prädikationen als am existentiellen Verhältnis zu ihm bemessen wurde. Eine Tendenz zur Verfestigung überlagerte die Kreativität des Glaubens und die lebendige Kommunikation der Glaubenden. Doch dabei konnte und durfte es nicht bleiben, wenn der Glaube nicht Gefahr laufen wollte, mit einer Ideologie verwechselt und schließlich als solche ausgegeben zu werden.

Kaum etwas spricht so sehr für den Wahrheitswert der paulinischen Rede vom mystischen Christusleib und des damit angesprochenen organischen Kräftespiels im Lebensvollzug

---

[56] A. Vögtle, Der verkündigende und verkündigte Jesus Christus, in: J. Sauer (Hrsg.), Wer ist Jesus Christus?, Freiburg 1977, 27–91.

der Glaubensgemeinschaft wie die Tatsache, dass schon in neutestamentlicher Zeit eine Gegenbewegung in Gang kam, die auf den Widerruf der Vergegenständlichung abzielte. Sie fand ihre programmatische Bezeugung im Eingangswort des Ersten Johannesbriefs, das sich weder auf das Erlebnis der Osterzeugen noch auf das Ereignis der Inkarnation (SCHNACKENBURG) bezieht, wenn es von einem neuen Hören, Schauen und Ertasten des uranfänglichen Wortes spricht und damit signifikante Erfahrungsweisen des in den Seinen auf- und fortlebenden Christus bezeichnet (1 Joh 1,1ff).[57]
Das entspricht der dreifachen Umschreibung, mit der Paulus von der an ihn ergangenen Gottesoffenbarung (Gal 1,16), von der Schau des Auferstandenen (2 Kor 4,6) und von seinem Ergriffensein durch ihn (Phil 3,12) spricht, um sein Damaskuserlebnis zu verdeutlichen. Doch bezieht er sich jetzt auf den „Reflex" der österlichen Erfahrungsweisen in der Spiritualität der Nachgeborenen, denen zu jener „Gleichzeitigkeit" mit dem Heilsgeschehen verholfen werden muss, in der KIERKEGAARD den mystischen Fundamentalakt des Glaubens, verstanden als die Überwindung des „garstigen breiten Grabens" (LESSING) des sich ständig vergrößernden Zeitenabstandes, erblickt.[58]
Die erfragte Bewegung zeichnet sich ab, sobald man den Vorgang von seiner Gegenseite, also vom Geglaubten her, angeht. Dann zeigt sich im Spiegel der drei Erfahrungsweisen, dass eine umfassende Inversion in Gang kam, durch die sich der Prozess der Verfestigung umzukehren beginnt. Jetzt will der Verkündigte wieder neu zu Wort kommen; jetzt bewegt der Geglaubte wieder – mehr als alle auf ihn ange-

---

57 Dazu R. SCHNACKENBURG, Die Johannesbriefe, Freiburg 1953, 42ff; H.-J. KLAUCK, Die Johannesbriefe, Darmstadt 1991, 71ff; 96ff.

58 H. GERDES, Sören Kierkegaards „Einübung im Christentum." Einführung und Erläuterung, Darmstadt 1982, 74–78.

setzten Argumente – zum Glauben; und jetzt beginnt der zur Lehre Festgeschriebene wieder zu lehren, zwar nicht wie damals auf dem Berg der Seligpreisungen und in der Säulenhalle Salomons, wohl aber durch die Stimme des inwendigen Lehrers. [59]
In alledem aber öffnet sich der Schrein der Vergegenständlichungen zu neuer Selbstvergegenwärtigung des von ihm Umschlossenen. Die Spuren dieser „Egression" sind freilich schwer auszumachen. Aber Vorgänge wie die Neuentdeckung Jesu im Glaubensbewusstsein der Gegenwart, das viele Menschen bewegende Verlangen nach Glaubensmystik und die Wiederentdeckung der Kreativität des Glaubens deuten darauf hin, dass seine Anwesenheit fühlbar und seine Stimme hörbar zu werden beginnt. Das sind erste Symptome; nicht mehr. Und doch zeigen sie einem jeden, der sehen will, dass der Glaube lebt und, ungeachtet aller Rückschläge, seiner größeren Zukunft entgegengeht.
Doch die Mitte des Glaubens ist nicht nur weithin durch den über dem Kreuz liegenden Schleier der Satisfaktionsvorstellung verdunkelt; sie ist es noch weit mehr durch das Schicksal, welches das Ereignis der Auferstehung Jesu im heutigen Glaubensbewusstsein erleidet. „Die Botschaft hör' ich wohl", so reagiert Faust auf den an sein Ohr dringenden Ostergesang, „allein mir fehlt der Glaube". Ebenso unverblümt würden viele ihre Zweifel nur ungern ausdrücken; und doch steht auch für sie die Auferstehung Jesu im Zwielicht. Manche suchen ihrem Zweifel dadurch zu entrinnen, dass sie den Osterglauben gegen die asiatische Reinkarnationslehre austauschen; aber sie kommen dadurch erst recht vom Regen in die Traufe. Andere lassen sich von unerleuchteten Theologen einreden, dass Ostern an der Botschaft Jesu

[59] Näheres dazu in dem titelgleichen Kapitel (Seite 163–174).

nichts geändert und insofern nichts Neues gebracht habe; doch dadurch verrätselt sich das Ostergeheimnis für sie nur umso mehr. Denn ohne dieses alle Vorstellungen und Empfindungen umstürzende Ereignis hätte es für die durch den Kreuzestod ihres Herrn und Meisters mit niederschmetternder Wucht getroffene Jüngergruppe nicht den geringsten Anlass gegeben, sich der Worte und Taten des scheinbar Gescheiterten und dazu noch von Gott Verworfenen zu erinnern. Dass es aber nicht nur Nachrichten über ihn, sondern ganze Kollektionen seiner Worte und schließlich sogar Evangelienschriften über ihn gibt, erklärt sich ausschließlich aus der Tatsache, dass kurz nach seinem schrecklichen Tod Männer und Frauen mit der ungeheuerlichen Behauptung hervortraten: „Ich habe den Herrn gesehen", dass also die Ostererscheinungen den schmachvoll Hingerichteten als lebend und wirkmächtig erwiesen.

Deshalb muss daran festgehalten werden: der Christenglaube ist Osterglaube; er steht und fällt mit dem Bekenntnis zur Auferstehung Jesu. Erst durch sie hat er sein definitives Gepräge erfahren. Aber hat dieses Geheimnis für den heutigen Christen auch eine seiner Bedeutung entsprechende Strahlkraft? Inspiriert es sein Denken, bewegt es sein Beten, motiviert es sein Handeln? Jeder weiß, dass das nicht oder nicht in angemessenem Maße zutrifft. Womit hängt das zusammen?

Die bessere Fragestellung

Vermutlich damit, dass wir nicht richtig nach der Auferstehung fragen. Denn die herrschende Fragestellung lautet: *Woher* ist er auferstanden? Demgemäß lautet die allen geläufige Antwort: vom Tod. Daran muss selbstverständlich festgehalten werden, nicht zuletzt deshalb, weil heute wieder Sensationsmeldungen in Umlauf gebracht werden, die leichtgläubige Christen mit der Behauptung verunsichern, dass Jesus nur scheintot im Grab gelegen und, von seinen Anhängern gesund gepflegt, schließlich sein Leben in östlicher (Kaschmir) oder westlicher (Rom) Ferne beschlossen habe. Kaum braucht angemerkt zu werden, dass es sich dabei um eine ebenso unhaltbare wie widersinnige, allen historischen Zeugnissen, auch den außerchristlichen, widersprechende Aufstellung handelt. Und nicht besser steht es um den angeblichen Beweis in Form der Blutspuren, die sich auf dem vieldiskutierten Leintuch von Turin finden und darauf schließen lassen, dass der darin Eingehüllte noch am Leben war, weil ein Leichnam bekanntlich kein Blut mehr abgibt. Denn diese angebliche Christusreliquie steht nicht nur im Widerspruch zu den eindeutigen Angaben der Evangelien; sie ist auch schon längst als eine zwar eindrucksvolle, deshalb aber nicht weniger unechte Fälschung erwiesen. Viel wichtiger als eine Fortsetzung der darum entbrannten Diskussion ist jedoch die Wiedergewinnung der echten Fragestellung, also der Frage, *„wohin“* der vom Tod Erweckte auferstanden ist. Doch war die alte Fragestellung, „woher“ die Auferstehung erfolgte, dem Ereignis überhaupt angemessen? Dass das bezweifelt werden muss, zeigt sich schon daran, dass diese Fragestellung, ganz unabhängig von den erwähnten Diskussionen, schon in neutestamentlicher Zeit zu dem heute erneut aufgeflammten Streit um das „Grab“ führte. Alle Hinweise darauf, dass dieses offenkundige Bildwort in den Evangelien nie als Argument für die Tatsächlichkeit der Auferstehung verwendet wurde, sondern lediglich ihrer Verdeutlichung diente, konnten die Auseinandersetzung darüber nicht beschwichtigen. Dabei ließen sich die Kontrahenten die Tatsache entgehen, dass das christliche

Credo gerade nicht „auferstanden aus dem Grab", sondern „auferstanden von den Toten" sagt, also auf das Grab Jesu überhaupt keinen Bezug nimmt. Aporien, wie sie im Fall des Theodizeeproblems, der Frage nach der Jungfrauengeburt oder wie hier des leeren Grabes aufbrechen, sind aber durchweg die Folge unangemessener Fragestellungen, die sich erledigen, sobald sie mit der richtigen vertauscht werden. Worin diese besteht, wird aber unmissverständlich durch das Engelwort verdeutlicht: „Was sucht ihr den Lebenden bei den Toten?" (Lk 24,5).[60]

Ostern, das besagt dieses Wort, ist kein Anlass zur Rückschau, sondern das gottgegebene Zeichen des Aufbruchs, der Hoffnung und der Zukunft. Deshalb muss endlich nach dem Wohin der Auferstehung gefragt werden. Solange das nicht geschieht, steht das Ostergeheimnis in jenem Zwielicht, das heute so viele irritiert. Also nochmals: Wohin ist er auferstanden? Darauf gibt der Auferstandene selbst eine, wenngleich mit seinem Verhalten nicht völlig übereinstimmende Antwort, wenn er seinen Jüngern ausrichten lässt: „Ich steige auf zu meinem Gott und eurem Gott, zu meinem Vater und eurem Vater." Denn diese Ankündigung hindert ihn nicht, in der Folge noch wiederholt im Jüngerkreis und lange danach dem Apostel Paulus zu erscheinen. Wo war er in der Zwischenzeit? Wenn man nicht an einen ständigen „Ortswechsel" denken will, bleibt nur die Annahme, dass er ebenso bei seinem Gott wie bei den Seinen war, auch wenn seine Anwesenheit bei ihnen nur gelegentlich in Erscheinung trat. Aber so ist es in den Erscheinungsberichten vorausgesetzt, wenn der Auferstandene etwa aus den Augen der ihn beim Mahl erkennenden Emmausjünger verschwin-

---

60 Dazu H. KESSLER, Sucht den Lebenden nicht bei den Toten. Die Auferstehung Jesu Christi in biblischer, fundamentaltheologischer und systematischer Sicht, Würzburg 1995.

det, um dann plötzlich in Jerusalem wieder aufzutauchen, noch bevor die beiden Zeugen Gelegenheit hatten, dort von ihrem Erlebnis zu berichten.
Die vollgültige Erklärung bietet jedoch die gewonnene Einsicht in den Sinn seines Sterbens. In seinem Tod vollzog sich definitiv das, was er gelebt hatte. Jetzt kehrte er zurück zu seinem Ursprungsort „am Herzen des Vaters". Und gleichzeitig kehrte er ein in die Herzen derer, die sich glaubend seiner Liebe anvertrauten. Das eine, die Heimkehr an seinen Ursprungsort, feiert die Kirche am Fest Christi Himmelfahrt, das andere, seine Einwohnung in den Glaubenden, am Pfingstfest. So deutete Jesu selbst seine Todeshingabe, als er beim letzten Mahl den Jüngern erklärte: „Das ist mein Leib, das ist mein Blut – für euch." Sterbend legt er die letzte Barriere zwischen sich und ihnen nieder; als Auferstandener lebt er in ihnen auf und fort. So gesehen ist Ostern der Umschlag von der Lebens- zur Wirkungsgeschichte Jesu. Doch diese besteht nicht nur in dem, was er für die Menschheit bewirkte, also nicht nur in dem Frieden, der Freiheit und der Hoffnung, womit er sie beschenkte, sondern darin, dass er in sie einging, um seine Lebensgeschichte im Leben der Seinen zu erneuern. Seitdem will er in ihnen, wie ein altchristliches Wort sagt, aufs Neue Kind werden, heranreifen, wirken und leiden; vor allem aber will er sie immerfort dem Abgrund der Angst und Verzweiflung entreißen und sie hineinnehmen in sein neu gewonnenes Leben. So wird das österliche Geheimnis verständlich, wenn man im Sinn des Gesagten fragt: „auferstanden, aber wohin?"

Die dreifache Korrektur

Konzentration, Gleichzeitigkeit, Innensicht

Der Weg der Unterscheidung

Kirche und Christenheit bieten oft schon beim ersten Anblick einen recht widersprüchlichen Eindruck. Von außen gesehen zeigt sich noch immer ein relativ geschlossenes Bild, das sich wohltuend von der Unübersichtlichkeit der weltanschaulichen Angebote abhebt. Wer aber in die Tiefenschichten dieses Erscheinungsbildes Einblick gewinnt, entdeckt dort Verunsicherungen und Defizite, die ihn um so schmerzlicher anrühren, als sie ihn an seine eigene Lebensproblematik erinnern.

Dazu gehört vor allem der Eindruck, dass das Christentum an einer tiefgreifenden Identitätskrise krankt. Die Symptome sind alles andere als harmlos. Sie betreffen, um beim schwersten einzusetzen, die Verunklärung des Gottesbildes, die es sogar dahin brachte, dass ein radikaler Feminismus den Vatergott Jesu gegen eine Muttergottheit altheidnischer Provenienz auszutauschen sucht.[61] Kaum weniger erschreckend ist aber auch die verbreitete Tendenz, die Auferstehung Jesu aus ihrer zentralen Position zu verdrängen und alles Gewicht auf sein irdisches Leben zu legen. Kein Wunder, dass sich dann ein derartig „zurückgenommenes" Christentum nicht mehr von seinem jüdischen Ursprung abzugrenzen vermag, sondern sich für einen bloßen Ableger dieses „Wurzelstockes" hält. Dabei müsste jedoch jedem

[61] Dazu die Ausführungen meiner „Glaubensprognose. Orientierung in postsäkularistischer Zeit", Graz 1991, 206f.

Einsichtigen klar sein, dass die so wichtige und aktuelle Verständigung mit dem Judentum nur auf der Basis des Wissens um die je eigene Identität gelingen kann. Denn mit Grenzverwischungen ist noch nie eine Verständigung erreicht worden, wohl aber mit Handreichungen über klar definierte Positionen hinweg.

In schmerzlicher Betroffenheit nimmt der gläubige Christ die angesprochene Identitätsnot wahr, weil er sie gerade dort entdeckt, wo er festen Halt und verlässliche Orientierung zu finden hoffte und wo ihm statt dessen ein Spiegelbild seiner eigenen Ratlosigkeit entgegentritt. Wo er einen Raum der Geborgenheit erwartete, erinnert ihn manches eher an einen zugigen Warteraum, und wo er eine brüderliche Gemeinschaft von Gleichgesinnten zu finden hoffte, stößt er auf eine Ansammlung eifrig Diskutierender, die sich offensichtlich nicht einmal über ihr Thema einig werden können. Diese Enttäuschung wirft ihn auf sich selbst zurück und zeigt ihm, was ihm fehlt und was den Kern seines Unbehagens ausmacht. Was ihm fehlt, so begreift er jetzt, ist nichts Geringeres als – er selbst. Das bemerkt er auch an seinen Zeitgenossen, denen noch viel an Besitz und Prestige, aber kaum noch an ihnen selbst gelegen ist. Doch eben dies macht ihn dann auch hellsichtig für die Notlage der Kirche. Seit Jahrzehnten setzt sie sich ein für den Frieden der Welt, für die Beseitigung der sozialen Missstände, für die Einhaltung der Menschenrechte und für die Notleidenden in den Hungergebieten der Erde. Und unablässig erhebt sie ihre Stimme für die Förderung der Sittlichkeit und Wahrung der Schöpfungsordnung. Doch ist es das, was er letztlich von ihr erwartet? Wo bleibt ihr Beistand bei der Überwindung seiner Lebensnot und der ihn vielfach bedrängenden Lebensangst, und wo ihre Antwort auf die Frage, die er nicht so sehr stellt als vielmehr ist?

Dann aber schlägt dieser deprimierende Eindruck unversehens in sein Gegenteil um. Denn mit einem Schlag wird ihm klar, dass er mit der Christenheit in einer tiefgreifenden Schicksalsgemeinschaft steht. Ihr Problem ist das seine und seine Lebensnot die ihre. Er begreift, dass ihr nicht mit einem bloßen Mitläufer und Nachbeter, sondern nur mit einem kreativen, selbstbewussten und tatkräftigen, kurz mit einem mündigen Menschen geholfen ist. Und ebenso deutlich sieht er ein, dass er das Stichwort seiner Selbstwerdung und Selbstfindung nur von der Instanz zu erwarten hat, die ihm das Offenbarungswort Gottes verbürgt. Selbstverständlich ist damit der Wert relativer Sinnangebote nicht in Frage gestellt. Beim Aufbau einer konsolidierten Persönlichkeit ist alles, was dazu beiträgt, wichtig: familiäre Geborgenheit, berufliches Engagement, geistige und soziale Tätigkeit. Doch die erfüllende Antwort kann nur von dort kommen, wohin sich der Mensch mit seiner innersten Sehnsucht ständig übersteigt: Aus den Tiefen der Gottheit, die das Offenbarungswort ans Licht hebt.

Aber geht es der Kirche, so fragt sich der bekümmerte Beobachter, nicht wie Moses in der gewaltigen Oper ARNOLD SCHÖNBERGS, der am Schluss mit dem Aufschrei zusammenbricht: „O Wort, du Wort, das mir fehlt"?[62] Doch der auf das Felsenfundament der Gottesoffenbarung gegründeten Kirche kann das Wort auf Dauer nicht fehlen, zumal sie, wie ihre ebenso lange wie dramatische Glaubensgeschichte lehrt, über ungeahnte Kräfte der Regenerierung verfügt. Daran wird man sich gerade unter dem Eindruck der heutigen Kirchen- und Glaubenskrise erinnern müssen. Denn damit beginnt sich die anfängliche Betroffenheit aufzuhellen und

---

62 Dazu mein Beitrag „Der unvorstellbare Gott", in: H. BOVENTER (Hrsg.), Moses und Aron. Zur Oper Arnold Schönbergs, Bensberg 1979, 25–49.

in aufkeimende Hoffnung zu verwandeln. Zwar sieht sich der heutige Mensch außerstande, sich aus eigener Kraft aus seiner Sinnkrise zu erheben; doch kann er nicht mehr daran zweifeln, dass ihm in seiner Not eine Chance offensteht, sofern ihm das zu seiner Identität erwachende Christentum zur Beantwortung seiner Sinnfrage verhilft.

So sagt es ihm auf der einen Seite die Einsicht in den mystischen Hintergrund seines Menschseins. Denn der Mensch ist jenes allseits bedingte Wesen, das, ungeachtet seiner Hinfälligkeit und Todverfallenheit nur im Unbedingten Genüge findet. Als diese todverfallene und verführbare Kreatur ist er jedoch mit seiner Sinnspitze in das Herz Gottes eingeschrieben. Er braucht somit ein Wissen um das Selbstsein Gottes, wenn er zur Erkenntnis seiner selbst gelangen soll. Wenn nun dies Uneinklagbare geschieht, dass der ewig verschwiegene Gott sein Schweigen bricht und der ewig verborgene Gott aus dem Dunkel seiner Verborgenheit hervortritt, um der Welt in Akten der Selbstoffenbarung zu sagen, wer er ist, hat er aufgrund dieser Wechselbeziehung auch schon die menschliche Sinnfrage beantwortet. Denn dieses „Wer er ist“ will doppelsinnig verstanden werden. Wenn schon in jedem Satz über Gott, wie es die heutige Theologie richtig erkannte, der Mensch mitgesagt ist, gilt dies erst recht von jedem Satz, den Gott selber spricht. In einem jeden von ihnen ist zusammen mit dem Geheimnis Gottes das Dunkel des Menschseins gelichtet.

Doch damit greift die Hoffnung weit über die tatsächliche Lage hinaus, die, wie die angeführten Symptome zeigen, durch eine ebenso umfassende wie durchgängige Identitätskrise gekennzeichnet ist. Wenn darin Abhilfe geschehen soll, muss sie mit dem beginnen, was zur Voraussetzung jeder persönlichen und sozialen Selbstfindung gehört: mit der Unterscheidung von anderen und anderem. Wir sagen „du“, um in der Abgrenzung von Freund und Feind „ich" sagen zu können. Und ebenso sprechen wir distanzierend von der uns umgebenden Welt, um in ihr unseren ganz persönlichen Standort bestimmen zu können. Das gilt uneingeschränkt auch vom Christentum in seinem Verhältnis zu den ihm besonders nahestehenden Religionen. Dazu gehört noch vor seinem Verhältnis zum Judentum und zum Islam, mit dem es über alles Trennende hinweg im Offenbarungsbegriff verbunden ist, sein Verhältnis zum Buddhismus und dies nicht zuletzt angesichts der Tatsache, dass dieser auf viele nach meditativer Vertiefung verlangende Christen eine wachsende Faszination ausübt. Unter dem Eindruck, von der kirchlichen Verkündigung nicht oder doch nicht hinreichend in die mystische Mitte des Christentums geführt zu werden, wenden sie sich asiatischen Versenkungs- und Meditationsformen zu, wie sie insbesondere von der buddhistischen und neobuddhistischen Spiritualität angeboten werden.

Auf die „distanzierte Nähe" zum Buddhismus verwies, wie bereits erwähnt, mit Nachdruck GUARDINI, der im Buddhismus die das kommende Jahrhundert bewegende Herausforderung des Christentums erblickte.[63] Für ihn tritt Buddha dadurch in eine Konkurrenz zu Jesus, dass er als einziger versuchte, Hand ans Dasein zu legen, um dessen leidverursachende Faktoren auszuschalten. Denn er sah, was heute noch viel zu wenig begriffen wird: dass das schwerste Leid in dieser Welt nicht, wie oft fälschlich angenommen wird, von Naturkatastrophen, sondern von Menschen ausgeht, insbesondere von jenen, die in ihrem politischen Geltungs- und Machtwahn noch immer blutjunge Menschen in einen allzu frühen und grausamen Tod schicken. Buddha wollte dem Einhalt gebieten, indem er den Weg zur Auslöschung

---

[63] R. GUARDINI, Das Wesen des Christentums, Würzburg 1938, 7–12.

des Lebens- und Machtwillens zeigte. Gerade dadurch rückte er in eine erstaunliche Nähe zu Jesus, der ebenfalls, nur in völlig entgegengesetzter Absicht, Hand ans Dasein legte, um den todverfallenen Menschen zum Rang und Stand der Gottkindschaft zu erheben. Der Buddhismus versucht somit, das Leid in der Welt dadurch zu minimieren, dass er dessen Herd, die Leidenschaften, als Folgen des menschlichen Geltungs- und Herrschaftsstrebens auslöscht. In Abgrenzung davon gilt, wie nicht nachdrücklich genug betont werden kann: Das Christentum ist keine asketische, sondern eine auf die Heilung des Menschen ausgerichtete und deshalb therapeutische Religion.

Dem steht allerdings die weitverbreitete und tiefeingewurzelte Fehleinschätzung entgegen, die gerade im Christentum eine Religion des Opfers und der Askese erblickt und die sich dabei auf zahlreiche Formen der kirchlichen Theorie und Praxis berufen kann. Das Gewicht dieser Tradition ist so groß, dass nur der Rückgriff auf die ursprüngliche Jesusbotschaft dagegen aufkommen kann. Wer also mit der Neubestimmung des Christentums als genuin therapeutischer Religion seine Schwierigkeiten hat, möge sich an das Herrenwort erinnern, mit dem sich Jesus ebenso unmissverständlich wie entschieden von der Asketengestalt des Täufers abgrenzt: „Johannes kam; er aß nicht und trank nicht. Und da sagt ihr: er ist besessen! Der Menschensohn kam, er isst und trinkt. Und da sagt ihr: seht ihn an, diesen Schlemmer und Trinker!" (Lk 7,33f).[64]

Für die Bezeichnung des Christentums als therapeutische Religion spricht aber nicht minder deutlich die Tatsache, dass Jesus zwar keinen der ihm zugewiesenen Hoheitstitel

---

64 Dazu J. D. Crossan, Was Jesus wirklich lehrte. Die authentischen Worte des historischen Jesus, München 1997, 189f.

für sich in Anspruch nahm und demgemäß von seiner Umgebung weder als Messias noch als Herr angesprochen werden wollte, dass er sich dafür aber jedoch um so nachdrücklicher als den „Arzt“ bezeichnete, der sich gesandt wusste, die Blinden und Lahmen zu heilen und die am gebrochenen Herzen Leidenden aufzurichten.

Nein, das Christentum ist, anders als der Buddhismus und die ihm darin nahestehende Gnosis, keine Religiosität der Entäußerung, der Schwächung und der Selbstbeschädigung des Menschen, sondern die seiner Erhebung und Heilung. Denn es weiß wie keine andere um seine vielfältigen Verletzungen und insbesondere um jene Wunde, die ihm durch seine Todverfallenheit geschlagen ist; und es weiß sich beauftragt, das Öl und den Wein des barmherzigen Samariters in diese Wunde zu gießen. Wenn das im Umgang der Kirche mit den Menschen kaum zum Ausdruck kommt und statt dessen eher der Eindruck entsteht, dass sie das Salz rigider Vorschriften in diese Wunde streut, hat das zweifellos mit einer Fehleinschätzung der ihr gestellten Aufgabe zu tun.[65] Denn die Kirche ist entgegen einer verbreiteten Ansicht nicht die höchste Kontrollinstanz und Wächterin über die Einhaltung der Moral, sondern die gottgesandte Helferin des Menschen mit dem Ziel, ihn aus den vielfältigen Zuständen der Entfremdung auf den Weg zu sich selbst und zum Vollzug des Guten zu bringen.

Doch der Gedanke an Sittlichkeit und Moral wirft unabweislich die Frage nach dem Verhältnis des Christentums zu seiner Ursprungsreligion, dem Judentum, auf. Wer sich an dessen Ursprung, die Gesetzgebung am Sinai, erinnert, weiß auch schon, dass das Judentum von seinem Entstehungs-

65 Von einer moralischen „Hypertrophie“ in der Selbstdarstellung der Kirche spricht schon Bernhard Sutor in seinem Beitrag „Die politische Kultur und die Christen“, in: Stimmen der Zeit 207 (1989), 383–397.

grund her als eine moralische Religion zu gelten hat. Es ist der Ruhm und Inbegriff der Auserwählung Israels, dass sein Bundesgott es in seinen heiligen Willen eingeweiht und ihm sein Gesetz übergeben hat. Wer sich in die sittliche Botschaft des Evangeliums vertieft, weiß aber auch, wie sehr sich Jesus um die Verinnerlichung und Hebung der menschlichen Sittlichkeit bemüht und dass er diese Bemühung dadurch krönte, dass er sie neu und gegen alle Tradition auf das Prinzip Liebe begründete. Der Vergleich mit dem Judentum lehrt jedoch, dass das Christentum nicht als moralische, sondern als eine wesenhaft mystische Religion zu gelten hat.

Lessing, der Dichterphilosoph der Aufklärung, verfiel einem folgenschweren Irrtum, als er in seiner Spätschrift „Die Erziehung des Menschengeschlechts“ den Streit um Möglichkeit und Sinn einer Offenbarung dadurch zu entschärfen suchte, dass er diese als das Werk einer göttlichen Pädagogik ausgab.[66] So sehr er damit der Denkbarkeit einer Gottesoffenbarung Raum zu schaffen suchte, verfehlte er doch deren wirklichen Sinn. Genauer bedacht wäre Gott kein qualifizierter Erzieher, wenn er den Menschen, wie ihm nur zu oft unterstellt wird, durch seine Offenbarung die Last des eigenen Nachdenkens und Forschens abnehmen würde, so mühsam ihr Erkenntnisweg im Einzelnen sich gestalten mag. Deshalb gibt die Offenbarung ebenso wenig Auskunft über den Vorgang der Schöpfung wie über den Termin des Weltendes, ebenso wenig Aufschluss über die Existenz von Engeln und Teufeln wie über die Ordnung der jenseitigen Reiche. Wohl aber belehrt der Offenbarungsgott den Menschen über das, „was er ist“, und dies sogar im doppelten Sinn dieses Ausdrucks. Wenn nun das Uneinklagbare geschieht, dass Gott aus dem Dunkel seiner Verborgenheit

[66] Dazu das Zitat auf Seite 15f.

hervortritt und sein ewiges Schweigen bricht, um ihm zu sagen, wer er ist, hat er damit auch die Frage des Menschen nach dem Sinn seines Lebens beantwortet. Das ist der wunderbare Kern des Offenbarungsgeschehens, das den Menschen somit keineswegs, wie oft vermutet wurde, sich selbst entfremdet, sondern ihn erst wirklich zu sich bringt.

Wunderbar ist daran vor allem, dass die göttliche Mitteilung den Menschen nicht nur über sich selbst in Kenntnis setzt, sondern dass sie ihn verwandelt. Ihr geht es nicht so sehr um die Erziehung des Menschen, wie Lessing in seiner Spätschrift meinte, sondern um dessen Erhebung in die Seinsform der Gotteskindschaft. So sah es Jesus, als er der Seligpreisung der Friedensstifter die Verheißung anfügte: „Sie werden Kinder Gottes heißen." So sah es Paulus, als er den Sinn der Menschwerdung des Gottessohnes darin erblickte, „dass wir zur Gotteskindschaft gelangten". Und so verkündete es die johanneische Schule mit dem enthusiastischen Wort: „Seht doch, welch große Liebe der Vater zu uns hegt: dass wir Kinder Gottes nicht nur heißen, sondern sind!" (1 Joh 3,1).[67]

Gotteskindschaft ist aber ein Grundwort der christlichen Mystik. Wer dazu gelangte, hat einem Schlüsselsatz des Apostels Paulus zufolge die Religiosität der Distanz und Angst hinter sich gelassen und Zugang zum Herzen Gottes gewonnen. Für dieses Ziel will das Christentum den Menschen gewinnen, zu diesem Ziel bahnt es ihm den Weg. Doch der Mensch braucht nicht nur, wie die Scharen der Orientierungslosen nur allzu deutlich zeigen, ein Ziel, sondern ebenso sehr auch einen erfüllenden Lebensinhalt. Und eben darum geht es bei dem, was Gotteskindschaft innerlich besagt. Wie bereits angedeutet, ist es der Apostel Paulus, der darüber auf einem Höhepunkt seines Römerbriefs Auf-

---

[67] Dazu meine „Einweisung ins Christentum", Düsseldorf 1997, 390f.

schluss gibt: „Ihr habt doch nicht den Geist der Knechtschaft empfangen, so dass ihr euch aufs Neue fürchten müsstet, sondern den Geist der Kindschaft, in dem wir rufen: Abba – Vater!" (Röm 8,15).[68]

Mit diesem Wort stößt Paulus buchstäblich die Tür zur mystischen Innerlichkeit auf. Sie wird durchschritten, wenn der Glaubende dem Ruf der Liebe folgend die Religiosität der Gottesangst mit ihrer Unfreiheit hinter sich lässt und in das Urwort der Gotteskindschaft einstimmt, das ihm der ihm geschenkte Geist auf die Lippen legt. Es ist das gleiche Wort, mit welchem Jesus den Himmel stürmte und das Herz Gottes erschloss: die ehrfürchtige Zärtlichkeitsanrede „Abba – Vater!" Indem er sich dazu bewegen lässt, hat er auch schon aufgehört, ein unwissender Knecht zu sein und begonnen, ein Leben der mitwissenden Gottesfreundschaft zu führen. Die aber steigert sich der neutestamentlichen Spiritualität zufolge zu einer Verbundenheit, die einem Lebens- und Herzenstausch gleichkommt. Deshalb kann Paulus in seiner mystischen Zentralaussage versichern, dass er seine Identitätsmitte in Christus gefunden habe und seither im Glauben an den lebe, der sich liebend an ihn verschenkt und hingegeben habe (Gal 2,20).[69]

Aus demselben Grund nennt sich der johanneische Jesus das „Brot des Lebens", um dadurch seinem Willen zur Lebens- und Geistesgemeinschaft mit den Seinen den denkbar fasslichsten Ausdruck zu verleihen.

Wie ALBERT SCHWEITZER, der große Interpret der paulinischen Mystik, betont, ruht diese auf zwei Pfeilern: der Formel „in Christus" und der dazu gegensinnigen des „Christus in

---

[68] Dazu W. SCHMITHALS, Die theologische Anthropologie des Paulus, Stuttgart 1980, 125–129.

[69] Dazu F. MUSSNER, Der Galaterbrief, Freiburg 1981, 182f.

uns".[70] Während die erste darauf abhebt, dass der fortlebende Christus die Seinen wie eine lebendige Sphäre umgibt und umschirmt, spricht die zweite davon, dass er in ihnen vernommen, erkannt und erfahren sein will. So findet der Glaubende in ihm das, was er außer ihm vergeblich suchte: den Sinn seines Lebens und diesen in der denkbar beglückendsten Form, dass er ihn als seinen dialogischen Lebensinhalt erfährt. Gleichzeitig begreift er, dass er dabei zur Identitätsmitte des Christentums vorgedrungen ist und dass sich die Schicksalsgemeinschaft, die ihn mit diesem verbindet, nicht klarer und schöner bestätigen konnte.

Der Weg der Konzentration

Oberflächlich besehen, steht das Verhältnis des heutigen Menschen zum Christentum noch immer im Zeichen einer wachsenden Entfremdung. Tatsächlich aber besteht zwischen beiden ein Verweisungszusammenhang durch den sie bei der Lösung ihrer Lebensprobleme aneinander verwiesen sind. Diese Schicksalsgemeinschaft hat viele Gesichter. Besonders auffällig aber zeigt sie sich darin, dass beide nicht wirklich „bei sich sind".[71] Für den Menschen erkannte dies schon zu Beginn dieses Jahrhunderts die von MARTIN HEIDEGGER und KARL JASPERS entworfene Existenzphilosophie, die von der Erkenntnis ausging, dass der Mensch noch immer zum vollen Menschsein unterwegs ist und auf dem Weg dahin immer wieder hinter sein Werdeziel zurückfällt oder durch Einflüsse sozialer und politischer Art unter sein Niveau gedrückt wird. So kommt es dazu, dass er nicht so

70 A. SCHWEITZER, Die Mystik des Apostels Paulus, Tübingen 1930, 122–129.
71 Dazu auch die Ausführungen auf Seite 13f.

urteilt, wie es seiner Einsicht entspricht, sondern so, wie „man" denkt, und dass er nicht mehr so entscheidet, wie es ihm sein Gewissen eingibt, sondern so, wie es ihm von den offenen und geheimen Verführern mit propagandistischen Mitteln eingeredet wird.[72] Obwohl gerade die Diktaturen dieses Jahrhunderts in diese Kerbe schlugen und die Menschen durch terroristische Unterdrückung zu willenlos agierenden Befehlsempfängern herabwürdigten, haben diese aus der schrecklichen Lektion der Zeit offensichtlich kaum gelernt, so dass der amerikanische Soziologe DAVID RIESMAN zu der Feststellung gelangt, dass der moderne Mensch mehrheitlich „außengesteuert" anstatt „innengeleitet" sei.[73] Ihm liege zwar noch viel an Ansehen, Einfluss und Besitz, aber kaum noch an ihm selbst. Deshalb richte er sein Urteil nach dem Wind der öffentlichen Meinung und sein Verhalten nach dem jeweils vorherrschenden Trend. Das machen sich die weltanschaulichen Rattenfänger zunutze, um Orientierungs- und Ahnungslose für ihre selbstsüchtigen Zwecke zu gewinnen und sie in das Joch ihrer menschenfeindlichen Ideologien einzuspannen. Unaufgerufen bleibt deshalb, was der Mensch aufgrund seiner Talente und seiner Berufung zu einem personal gestalteten Leben sein könnte, und unerledigt die Aufgabe, die sich ihm mit seinem Menschsein stellt. Selbstverständlich trifft das skizzierte Bild in dieser Form auf das Christentum nicht oder doch nur sehr bedingt zu, obwohl an seinen Rändern bedenkliche Wucherungen wahnhafter Zielsetzungen auftreten. Dennoch besteht auch hier ein schmerzliches Defizit, das die Kirchen vor die Frage stellt, ob sie sich ihrer Identität bewusst sind und ob sie sich für die Identitätsfindung ihrer Gläubigen verantwortlich

72 M. HEIDEGGER, Sein und Zeit, Halle 1935, 126–130.
73 D. RIESMAN, Die einsame Masse, Hamburg 1958, 137–179.

fühlen. Noch auffälliger ist die in der Christenheit herrschende Kopflastigkeit, die der moralischen Peripherie ein bedenkliches Übergewicht über das Zentrum verlieh.
Die Menschen reagieren auf diese Verlagerung der lehramtlichen Aussagen auf Anweisungen und Appelle mit zunehmender Gleichgültigkeit und Ablehnung, besonders dann, wenn diese Mahnungen in Form von Direktiven und Imperativen an sie ergehen. Denn sie sind zu großen Teilen durch die Höllen der Diktaturen hindurchgegangen, die sich mit ihren Untergebenen grundsätzlich im Befehlston zu verständigen pflegten. Von der Kirche erwarten die Menschen aber eine andere, eine mütterlich zusprechende und, bei aller Strenge, aufrichtende, ermutigende und tröstende Sprache. Denn der heutige Mensch ist von seinem Lebensgefühl her krank; er leidet an der ihm durch seine Todverfallenheit geschlagenen Wunde, an einem gebrochenen Selbstverhältnis und an dem auf einen Tiefpunkt gesunkenen Lebenswillen. Was er braucht, sind in erster Linie Trost und Heilung, weil er dann erst in der Lage ist, die an ihn ergehenden Appelle aufzunehmen und zu befolgen. Doch wird er dies in der Kirche finden?
Bekanntlich entbrannte in der theologischen Diskussion um die Jahrhundertmitte eine heftige Kontroverse um die Frage, welchen der im Evangelium gebrauchten Hoheitstitel Jesus sich selbst zugelegt habe.[74] Dem letztlich negativen Ergebnis dieser Diskussion zufolge nannte er sich aber weder Davidsohn noch Menschensohn und Gottessohn, und ebenso wenig Messias und Kyrios. Doch darüber wurde die unbestreitbare Tatsache übersehen, dass Jesus *einen* Titel mit Nachdruck für sich in Anspruch nahm, als er erklärte:

---

74 Dazu die grundlegende Untersuchung von FERDINAND HAHN, Christologische Hoheitstitel. Ihre Geschichte im frühen Christentum, Göttingen 1966.

„Nicht die Gesunden, die Kranken brauchen den Arzt!“ (Mk 2,17).[75]
Damit unterscheidet er keineswegs die „Kranken“, die seine Hilfe benötigen, von denen, die aus eigener Kompetenz und Anstrengung sich selber helfen können. Vielmehr meint er mit den „Gesunden“ diejenigen, die sich in fataler Selbstverkennung für gesund halten und deshalb seiner Hilfe erst recht bedürfen. Somit erklärt er sich in diesem Schlüsselwort zum *Arzt der gesamten Menschheit*. Denn er weiß: Alle gleichen dem bereits geknickten Schilfrohr, das bei jeder weiteren Belastung brechen würde; deshalb nennt er sie die Bedrückten und Beladenen, die bei ihm Ruhe finden; und deshalb sieht er sie hingestreckt wie hirtenlose Schafe, die seiner Führung bedürfen. Und er weiß, dass sie zu innerst an einem gebrochenen Herzen leiden. Deshalb versammelt er sie alle um den Tisch seiner Lebensgemeinschaft, um ihnen das Himmelsbrot zu reichen, das er selber ist. Darauf muss sich die kirchliche Verkündigung zurückbesinnen, wenn der Lebensnot des heutigen Menschen wirklich abgeholfen werden soll.
Wie aber ist dieser Mensch von all dem betroffen?
Die genaueste Diagnose stellte ihm SÖREN KIERKEGAARD in seinen beiden Werken „Die Krankheit zum Tode“ und „Der Begriff Angst“, die schon im Titel den von ihm erhobenen Befund zum Ausdruck bringen. Danach leidet der moderne Mensch an einem zerstörerischen Selbstzerwürfnis, das ihn der Verzweiflung verfallen lässt. Daher die ihn durchdringende Lebensangst, die einem Wort des Philosophen KARL JASPERS zufolge zu seinem unheimlichen Begleiter geworden ist und alle seine Beziehungen verdüstert: die Beziehung zu

---

75 Dazu L. SCHENKE, Die Urgemeinde. Geschichtliche und theologische Entwicklung, Stuttgart 1990, 170f.

Gott ebenso wie zu seinen Mitmenschen und nicht zuletzt die zu sich selbst.[76] Geschürt wird diese Angst durch die von allen Seiten auf ihn eindringende Sorge: durch die Sorge um die sich ihm verdüsternde Zukunft, durch die Sorge um den Erhalt seiner Gesundheit, durch die Sorge um den Zusammenhalt seines Lebenskreises, um den Erhalt seines Arbeitsplatzes und um den Rest des ihm verbliebenen Lebensglücks. Die Sorge aber blendet nach der Einsicht Jesu alles aus, was dem Menschen Vertrauen, Zuversicht und Hoffnung verbürgt. War es damals die große Chance, die sich Israel mit ihm und seiner Sendung eröffnete, so sind es heute nicht zuletzt die viel zu wenig gewürdigten Vergünstigungen der Gegenwart: die seit Ende des Zweiten Weltkriegs anhaltende Friedenszeit, der so noch nie erlebte Wohlstand, der Fall des Eisernen Vorhangs und für die Deutschen das Himmelsgeschenk der Wiedervereinigung. Ein Engel müsste erscheinen und uns die Binde der Angst und Sorge von den Augen nehmen, damit alle das endlich wahrnehmen und aufatmen lernten. Doch anstelle des ersehnten Engels tritt Jesus selbst auf uns zu mit demselben Wort, mit dem er einst den um das Leben seiner Tochter bangenden Vater aufgerichtet hatte: „Keine Angst, glaube nur!" (Mk 5,36).[77]

Dieser Zuspruch enthält eine ganze Theologie. Denn er erklärt das Christentum zur Religion der Angstüberwindung. Bei genauerem Hinhören wird überdies klar, dass sich hier in die Stimme des historischen Jesus bereits die des Auferstandenen einmischt. Und das besagt: Das Christentum ist überdies die einzige Religion, die es mit der Macht des Todes aufgenommen hat. Mit der Angst überwindet es das Vor-

76 K. Jaspers, Die geistige Situation der Zeit (1931), Berlin 1971, 55ff.
77 Dazu L. Schenke, A. a. O., 205ff.

spiel des Todes. Denn die Angst ist der vorgefühlte, der „tägliche Tod“. Wer sich ängstigt, glaubt – wie ein Sterbender – im Abgrund des Nichts zu versinken. Ihm ergeht es wie Petrus, der Jesus über den See entgegengehen wollte, es dann aber mit der Angst zu tun bekam und zu sinken begann, bis ihn, durch seinen Notschrei herbeigerufen, die rettende Heilandshand in Sicherheit brachte.
Doch wo bekommt der heutige Mensch, dem die Lebensangst zum unheimlichen Begleiter geworden ist, diese Retterhand zu fassen? Das ist die Frage nach der angstüberwindenden Lebensleistung Jesu und nach der von diesem Arzt der Menschheit gebotenen Therapie. Sie besteht, wie ein tieferer Blick in das Evangelium lehrt, in der dreifachen Neuordnung der menschlichen Grundverhältnisse: der Beziehung des Menschen zu Gott, zum Mitmenschen und zu sich selbst. Die Tiefen der Gottheit entsiegelte Jesus mit der Erkenntnis: Gott ist Licht, und die Finsternis des Angst- und Schreckenerregenden ist nicht in ihm; oder noch wesentlicher: Gott ist die bedingungslose, Gute wie Böse mit grenzenloser Güte umfangende Liebe. Von ihr aber gilt, sofern sie nur in die Menschenherzen dringt und von ihnen Besitz ergreift: „Furcht ist nicht in der Liebe; vielmehr treibt die vollkommene Liebe die Furcht aus (1 Joh 4,18).“
Denn der Gott Jesu Christi darf nicht gefürchtet werden, weil er nicht gefürchtet werden will. Das ist freilich keine sentimentale, sondern mit tödlichem Ernst gepaarte und den Menschen aufs Äußerste herausfordernde Liebe. Deshalb verbindet Jesus seine Botschaft auch mit Bildern des Gerichts und der drohenden Verwerfung, mit denen er zur Entscheidung ruft und vor der Gefahr des Abfalls warnt, aber keinesfalls etwas von seiner angstüberwindenden Gottesbotschaft zurücknimmt. Denn mit ihr ging die Sonne über dieser im Todesschatten liegenden Welt auf, die mit ihrem Licht das

Dunkel des Irrtums und der Bosheit vertreibt und mit ihrer Wärme das Brachliegende zu neuem Leben erweckt.
Nicht weniger tief griff Jesus aber auch in die von der Angst verstörten menschlichen Beziehungen ein, indem er mit seiner Forderung „Liebe deinen Nächsten wie dich selbst" im andern den Nächsten sehen lehrte. Kein Ringer, bemerkt KIERKEGAARD dazu, hat je seinen Gegner so mächtig umfasst und niedergezwungen, wie dieses Wort unsere Selbstliebe und Selbstsucht niederringt.[78] Nur müsste es, meint er, um wirksam zu werden, anders übersetzt werden: nicht nur „wie" sondern „als" dich selbst. Denn Jesus lässt uns im Mitmenschen das Spiegelbild unserer selbst wahrnehmen, so dass für ihn verständnisvolles, hilfbereites und liebendes Begegnen soviel bedeutet wie Zu-sich-selbst-Kommen.
Wer sich des andern annimmt, vollzieht somit die von ROMANO GUARDINI als die Grundtugend unserer Zeit herausgestellte „Annahme seiner selbst". Im Gegenfall besagt dies allerdings auch: Wer den andern verstößt, verwirft in ihm „sich selbst". Gebannt ist dann aber mit dieser Wegweisung die tiefgreifende Befürchtung, dass sich der ersehnte Partner von heute über Nacht in einen bedrohlichen Gegner und Feind verwandeln könne; geheilt ist mit ihr der Riss, der durch alle, selbst die intimsten Beziehungen geht und es verhindert, dass sie wirklich ausgeschöpft werden.
Mit diesen beiden Urängsten zusammen reißt Jesus aber auch die dritte Pfahlwurzel der Lebensangst aus dem Herzen des Menschen: die Angst vor sich selbst und damit die Befürchtung, nicht für sich selbst einstehen und das, was man ist, nicht festhalten zu können. Ihr Gegenstand ist somit das große „Entgleiten", das BLAISE PASCAL in allen Nischen

---

[78] S. KIERKEGAARD, Leben und Walten der Liebe; nach G. BORNKAMM, Jesus von Nazareth, Stuttgart 1956, 104.

des Menschseins entdeckte und beklagte. Dem begegnet Jesus mit dem, was man den kristallenen Kern seiner Heilsbotschaft nennen könnte: mit seinem Wort von der Erhebung des Menschen zur Gotteskindschaft, das die johanneische Gemeinde zu der enthusiastischen Aussage bewog, dass wir aufgrund der uns von Gott entgegengebrachten Liebe seine Kinder nicht nur heißen, sondern sind.
Doch damit ist die verdunkelte Mitte noch nicht ganz ans Licht gehoben. Denn Jesus ist nicht nur der Arzt, der die uns durch die Todverfallenheit geschlagene Wunde heilt und die Angst von unseren Herzen nimmt. Er ist auch derjenige, der das Herz der Seinigen durch seine Anwesenheit ausfüllen möchte. Und er bringt dies mit den wahrhaft unausdenklichen Worten zum Ausdruck: „Ich bin das Brot des Lebens" (Joh 6,35.48).[79]
Es ist jenes Wort, von dem die ersten Hörer nach dem Bericht des Johannesevangeliums zurückschreckten und sich von Jesus abwandten, weil sie von ihm politische und wirtschaftliche Hilfe erwarteten, aber nicht die Hilfe, die er selber ist, und damit jenes Wort, das immer noch auf die wirklich verständigen Hörer wartet. Aber fragen wir uns doch, was uns Jesus Größeres und Wesentlicheres hätte bieten können als sich selbst. Kaum haben wir uns diese Frage gestellt, so begreifen wir auch schon: Wenn irgendwo, liegt hier die Mitte des Christentums und, wie wir staunend wahrnehmen, ebenso das Ziel unserer Selbstwerdung.
Davon spricht das Neue Testament in seinen bisweilen fast esoterisch klingenden Spitzenaussagen. So versichert Jesus im Matthäusevangelium: „Wenn zwei oder drei in meinem Namen versammelt sind, dann bin ich mitten unter ihnen"

[79] Dazu R. SCHNACKENBURG, Das Johannesevangelium II, Freiburg 1985, 56–81.

(Mt 18,20). Und er bestätigt das, wenn er sich von den Seinen mit der Zusicherung verabschiedet: „Und seht, ich bin bei euch alle Tage bis ans Ende der Welt." In einer ausgesprochenen Innerlichkeitssprache wiederholt das der johanneische Jesus, wenn er auf die naheliegende Frage, warum er sich nur im Jüngerkreis, nicht aber öffentlich vor aller Welt mitteile, antwortet: „Wer mich liebt, wird mein Wort festhalten; mein Vater wird ihn lieben, und wir werden zu ihm kommen und Wohnung bei ihm nehmen" (Joh 14,23). Es ist dies die den Christenglauben zentral bewegende Frage, warum sich der Auferstandene nicht aller Welt, sondern nur den „von Gott erwählten Zeugen" (Apg 10,40) sehen ließ, die hier nach Antwort verlangt. Die aber besagt, dass ihn nur liebende Augen wahrnehmen können. Gleichgültigkeit und Hass sind für ihn und seine Anwesenheit dagegen taub und blind. Mit einem bewegenden Bildwort bestätigt dies schließlich das letzte der neutestamentlichen Bücher, die Apokalypse, wenn der erhöhte Herr der Gemeinde von Laodizea erklärt: „Ich stehe vor der Tür und klopfe an, wenn einer meine Stimme hört und die Tür öffnet, werde ich bei ihm eintreten, und ich werde mit ihm Mahl halten und er mit mir" (Apk 3,20).

„Sie in mir und ich in ihnen", so hatte es Jesus auch in seinem Abschiedsgebet zum Ausdruck gebracht. Knapper und klarer hätte er *die Mitte des Christentums* gewiss nicht umschreiben können. Wir in ihm: das ist die Geborgenheit, die wir außerhalb von Christentum und Kirche vergeblich suchen. Er in uns: das ist der Lebensinhalt, der uns beglückt, bestärkt und erfüllt. Diese Mitte muss neu entdeckt und zum Leuchten gebracht werden. Dann braucht man um die Zukunft von Christentum und Kirche nicht mehr zu fürchten.

Die Aufhebung des Rückstands

Zu einem erfahrenen Seelsorger kam eines Tages ein Junge, der ihn bat, sich einen Traum anzuhören und ihn möglichst vielen weiterzuerzählen. In diesem Traum sah er sich, zusammen mit seinem Vater, vor dem Portal einer Kirche stehen, und der Vater drängte ihn, in sie einzutreten. Doch er widersetzte sich dem Drängen des Vaters, weil er fürchtete, in dieser Kirche gekreuzigt zu werden.

In diesem Traum stoßen zwei Gegensätze denkbar hart aufeinander: bei dem Vater das Wissen, dass seinem Sohn nur in der Kirche geholfen werden könne, und im Sohn die Befürchtung, dass dort anstelle der erhofften Hilfe nur schreckliche Torturen auf ihn warten. Dem Vater steht das gottgewollte Hochbild der Kirche vor Augen: die Kirche als der Raum des Aufatmens und der aufgehobenen Entfremdung, als der Raum des gegenseitigen Verstehens und der getätigten Liebe, wo das wahre Glück auf sein Kind wartet. Doch der Sohn hat statt dessen das Schreckbild einer Kirche vor Augen, die ihre Gläubigen durch Einschüchterung und durch die Suggestion von Ängsten zur Annahme ihres religiösen Angebots zu bewegen sucht. Davor schreckt er mit allen Zeichen des Entsetzens zurück.

Es ist keine Frage, dass dieses Zerrbild dem Willen Jesu diametral entgegensteht. Er wollte Einheit, aber keinen Zwang; ihm ging es um Nachfolge, aber nicht um Unterwerfung. Vor allem aber: er drohte nicht, am wenigsten mit Schrecknissen und Strafen.

Was aber die Angst anlangt, so lautet sein Programm: „Keine Angst, glaube nur!“ Die Angst ist für ihn das Gift, das den menschlichen Lebenswillen untergräbt und die Lebens- und Glaubensfreude zerstört. Deshalb setzt er ihr die sieghafte Kraft des Glaubens entgegen. Eine Kirche, die immer noch

Ängste erregt und droht, bewegt sich somit auf dem Gegenkurs zum Heilswillen Jesu und befindet sich, anders ausgedrückt, in einem bestürzenden Rückstand gegenüber seiner Botschaft.[80] Doch worin besteht dieser Rückstand, worin äußert er sich und wie kam es dazu?

Die Antwort auf die erste Frage drängt sich auf, wenn man sich das Wort Jesu vergegenwärtigt, mit dem er den Vorwurf, dass seine Jünger im Unterschied zu den Johannesjüngern nicht fasten, zurückwies: „Können denn die Hochzeitsgäste fasten, wenn der Bräutigam bei ihnen weilt? Solange sie den Bräutigam bei sich haben, können sie doch nicht fasten!" (Mk 2,19).[81] Auf diesen Freudenton stimmt sich der Apostel Paulus mit dem Ausruf ein: „Jetzt ist sie da, die Zeit der Gnade; jetzt ist er da, der Tag des Heils!" (2 Kor 6,2). Einer der einfühlsamsten Leser des Evangeliums und der zweifellos beste Kenner der paulinischen Gedankenwelt, ALBERT SCHWEITZER, bemerkt dazu: „Wer dem historischen Jesus ins Auge zu blicken wagt und auf das hinhorcht, was er ihm in seinen Worten zu sagen hat, lernt ihn als denjenigen kennen, der Gewalt über ihn haben will.[82]

Es ist die Gewalt seiner auf die Neugestaltung aller Verhältnisse drängenden Liebe. Doch übt er diese Gewalt nur aus, um uns der Finsternis des Lebens und Denkens zu entreißen und uns in sein eigenes Gotteserlebnis hineinzunehmen, von dem er weiß, dass es der Welt Frieden und Heil und dem Menschen die brennend ersehnte Antwort auf die Frage nach dem Sinn seines Lebens bringt. Das ist die Sonne, die er über der im Dunkel liegenden Welt aufgehen lassen wollte;

---

[80] Näheres dazu in meiner Schrift „Überwindung der Lebensangst. Wege zu einem befreienden Gottesbild", München 1996.

[81] Dazu N. PERRIN, Was lehrte Jesus wirklich? Rekonstruktion und Deutung, Göttingen 1972, 82ff.

[82] H. STEFFAHN, Albert Schweitzer Lesebuch, München 1995, 78.

das ist das Feuer, das er seinem eigenen Wort zufolge auf die Erde warf, um sie in Brand zu setzen. Wenn das wie die Botschaft von einem fremden Stern anmutet, dann nur deshalb, weil sich die Christenheit ihr gegenüber tatsächlich in einem bedenklichen Rückstand befindet. Sie fühlt sich keineswegs zum hochzeitlichen Freudenmahl eingeladen und stimmt deshalb auch nicht in den Jubelruf des Apostels ein. Statt dessen ließ sie sich von dem schon von NIETZSCHE beschworenen Geist der Schwere einreden, dass das Evangelium ebenso Droh- wie Frohbotschaft sei, dass sich in den menschlichen und geschichtlichen Tragödien die strafende Hand Gottes erweise und dass Gott sein besonderes Wohlgefallen an dem habe, was dem Menschen schwerfällt und wehtut. Doch wie kam es zu dieser bestürzenden Abkehr von der Froh- und Trostbotschaft Jesu?

Eine erste Antwort gibt der Zusatz, um den in spätapostolischer Zeit das Jesuswort von den freudig gestimmten Hochzeitsgästen ergänzt wurde. „Es werden aber Tage kommen“, so fügte man jetzt hinzu, „an denen ihnen der Bräutigam entrissen wird. Dann werden sie fasten.“ [83] In diesem Zusatz spiegelt sich unverkennbar der Zeitpunkt, an dem die anfänglich enthusiastische Erwartung der baldigen Wiederkehr Christi in das deprimierende Gefühl einer sich endlos hinziehenden Parusieverzögerung umschlug und von dem an diese Wartezeit als die Zeit der frustrierenden Abwesenheit Jesu empfunden wurde. Es konnte nicht ausbleiben, dass man diese Verzögerung bald auch als Prüfung, wenn nicht sogar als Strafe für Nachlässigkeit und Fehlverhalten empfand. Einen strafenden Gott musste man, wie es schien, insbesondere auch deshalb annehmen, um die persönlichen Rückschläge und weltgeschichtlichen Katastrophen erklären

[83] Dazu nochmals die in Anm. 81 genannte Literaturangabe.

zu können, in denen doch offensichtlich sein Gericht über die Einzelnen wie über die Menschheit erging. Und ebenso bedurfte es der Instanz der göttlichen Strafgerechtigkeit, als das Christentum durch die konstantinische Wende in die politische Verantwortung gezogen und schließlich sogar zur staatstragenden Ordnungsmacht erklärt wurde.
Doch Jesus ging es keineswegs darum, bestehende Gesellschaftsordnungen zu stabilisieren, sondern darum, sie durch jene neue, auf das Prinzip Liebe gegründete zu ersetzen, der er mit seiner Proklamation des Gottesreiches zum Durchbruch verhelfen wollte. Auch empfand er seine Entrückung als Auferstandener keinesfalls als Abschied, sondern als den Übergang zu neuen Formen seiner Anwesenheit im Kreis der in seinem Namen Versammelten und im Herzen der an ihn Glaubenden. Was aber das Gerede von dem in privaten und geschichtlichen Katastrophen zu sehenden Strafgericht Gottes anlangt, so brach diesem schon das Alte Testament mit dem Hinweis darauf die Spitze ab, dass dann auch unschuldige Kinder mit in den Untergang hineingerissen würden. Das Neue Testament aber überbietet diese Einsicht noch mit dem Satz der Bergpredigt, dass Gott mit seiner grenzenlosen Güte sogar die Undankbaren und Bösen umfängt (vgl. Lk 6,35). Das steht in einem derart schroffen Gegensatz zu den seit unvordenklichen Zeiten eingespielten Vorstellungen, dass die Frage nach der Herkunft der Gottesbotschaft Jesu unabweislich wird. Wie kam er zu seinem umstürzend neuen Gottesbegriff, und wie muss Gott seither gesehen werden?
Sichersten Aufschluss darüber gibt das Beten Jesu, das seinen Angelpunkt darin hat, dass er als erster Gott im Vollsinn des Wortes „Abba – Vater" zu nennen wagte. Mit dieser ehrfürchtigen Zärtlichkeitsanrede durchbrach er die Mauer der Unnahbarkeit Gottes, überbrückte er den Abgrund der Got-

tesferne und erschloss er den Zugang zum Herzen Gottes. Damit erwies er sich als der größte und zugleich sanfteste Revolutionär der Religionsgeschichte. Ihren Schwerpunkt hat diese revolutionäre Großtat Jesu in seinem kühnen Eingriff in das ambivalente Gottesverständnis der gesamten Religionsgeschichte, das in Gott ebenso den gütigen Schöpfer wie den unnachsichtigen Richter der Menschen erblickte und diese dadurch in einen ständigen Zwiespalt zwischen Vertrauen und Furcht versetzte. Doch Jesus erkannte, dass der von diesem Zwiespalt zerrissene Mensch weder Gottes noch seines eigenen Daseins froh werden kann. Deshalb drängte es ihn, die Menschen in sein betend gewonnenes Gottesverhältnis hineinzunehmen. Und er erreichte dies, indem er den Schatten des Angst- und Schreckenerregenden, der das überkommene Gottesbild verdüstert hatte, ersatzlos tilgte, um darin statt dessen das Antlitz des bedingungslos liebenden Vaters zum Vorschein zu bringen. Die „Gewalt", die er nach SCHWEITZER über die Seinen anstrebt, hat somit kein anderes Ziel als das, sie in dieses Antlitz blicken zu lassen und sie der Liebe zu überantworten, die ihnen darin entgegentritt.

Denn Jesus weiß, dass sich für einen jeden, der dieser Liebe ansichtig geworden ist, das Leben neu gestaltet. Die Gewissheit, von Gott geliebt zu werden, wird wie eine Sonne über seinem Leben stehen und ihn alles in einem neuen Licht sehen und bewerten lassen. Selbst das Leid wird ihn dann Gott nicht mehr entfremden, sondern ihn dann nur noch fester an ihn binden. Denn er weiß, dass Gott in der Passion seines Sohnes in die tiefsten Abgründe menschlichen Leidens und Unglücks hinabgestiegen ist, um gerade dort, wo er am fernsten zu sein scheint, angetroffen und gefunden zu werden. Vor allem aber wird der von dieser Liebe Berührte die Verpflichtung empfinden, die mit diesem denkbar größten

Geschenk einhergeht: die Verpflichtung, etwas von diesem Glück an diejenigen weiterzugeben, von denen er weiß, dass sie noch immer im Schatten der Angst, der Sorge und Bitterkeit dahinleben. Mehr aber noch wird er sich dazu verpflichtet fühlen, etwas an den zurückzugeben, von dem er sich so überreich beschenkt weiß. Betroffen und beklommen wird er sich dann aber eingestehen müssen, wie wenig er dazu in der Lage ist. Doch in diese Ratlosigkeit fällt wie ein Lichtstrahl das Wort: „Nicht darin besteht die Liebe, dass wir Gott geliebt haben, sondern darin, dass er uns geliebt und seinen Sohn für uns hingegeben hat" (1 Joh 4,10).

Liebe, so sagt die Theologie, ist zusammen mit Glaube und Hoffnung, eine der drei göttlichen Tugenden. Deshalb ist sie nicht so sehr die Leistung des Gott zugewandten Menschen als vielmehr das Werk Gottes in ihm. Das müsste ihn darin bestärken, sich durch keine Enttäuschung und keinen Rückschlag von dem Weg abbringen zu lassen, den ihn die Liebe führt. Doch wie ist es möglich, so fragt man sich unwillkürlich, etwas davon in dieser uns umgebenden unterkühlten Lebenswelt weiterzugeben? Wie also können wir, mit einer biblischen Wendung gesprochen, Menschen dazu bringen, an die Liebe zu glauben, die Gott zu uns hegt? Bei der Beantwortung dieser Frage muss man sich mit dem Tiefenpsychologen Dieter Wyss daran erinnern, dass die Liebe „ein Lernprozess" ist, dass sie also entdeckt, erlernt und eingeübt sein will.[84] Ein erster Schritt wird darin bestehen, dass man das keineswegs idyllisch gemeinte Wort von Gottes Vaterhand, welche die Lilien des Feldes schöner kleidet, als es selbst Salomon war in seiner königlichen Pracht, als Zusage der liebenden Fürsorge des Vaters begreift, die uns buchstäblich

---

[84] D. Wyss, Lieben als Lernprozess, Göttingen 1975.

auf Schritt und Tritt umsorgt.[85] Sie überhäuft uns nicht nur mit den meist als Selbstverständlichkeit hingenommenen Erweisen seiner Güte, nein, sie geht auf etwas noch unvergleichlich Größeres aus, indem sie das Joch der Sorge von unseren Schultern nimmt. Denn um eben dies geht es Jesus, wenn er dazu auffordert: „Sucht zuerst das Reich Gottes und seine Gerechtigkeit und all dies wird euch hinzugegeben werden" (Mt 6,33).

Mit diesem großen Wort möchte uns Jesus zu einem Tauschhandel überreden. „Gib mir deine Sorgen", so fordert er uns auf; „denn ich will sie dir abnehmen, wenn du nur die meine übernimmst und dich mit mir um das Wachstum des Gottesreiches kümmerst." Wer darauf eingeht, wird wunderbar beschenkt; denn in dem Maß, wie er seine Sorgen „auf den Herrn wirft", klärt sich sein Blick, und er begreift, was es heißt, von Gott geliebt zu sein.

Das müsste sich in einem zweiten Schritt spontan in ein Gefühl der Dankbarkeit für das unschätzbare Glück umsetzen, das uns bei unserer Orientierung an Jesus erfüllt. Denn in ihm fanden wir den Entdecker Gottes, den Arzt und Helfer und schließlich den Tröster, der uns in ein Freundschaftsverhältnis mit sich aufnimmt, um uns so am Glück seiner eigenen Gottverbundenheit teilnehmen zu lassen.

Wenn wir dazu gelangten, werden wir auch den dritten und letzten Schritt gehen können. Und der besteht in der Einsicht, dass der Gott, der mit seiner Güte sogar die Undankbaren und Bösen umfängt, seine Liebe einem jeden so zuwendet, als gäbe es für ihn nur jeweils diesen einen in aller Welt. Wenn aber das erreicht ist, geht die Sonne, die im Geheimnis

[85] Auf den durch die soziale und wirtschaftliche Not der unteren Bevölkerungsgruppen und durch die „vogelfreie" Lebensform der Wandermissionare gekennzeichneten Hintergrund des Trostwortes verweist Ludger Schenke in seiner in Anm. 75 angegebenen Untersuchung (226f).

des Kreuzes aufleuchtet, endgültig in unseren Herzen auf. Und sie wird uns dann besser als jeder Meister zeigen, wie wir in dieses Glück auch diejenigen hineinnehmen können, die noch im Dunkeln stehen.

Von der Außensicht zur Innensicht

Wer mit der Kirche lebt und, wie es heute vielen widerfährt, mit und an ihr leidet, wird schließlich zu seiner größten Verwunderung entdecken, dass er mit allen in einer tiefgreifenden Schicksalsgemeinschaft mit ihr steht. Was ihr zugute kommt, hilft auch jedem Menschen. Und was ihr fehlt, das fehlt auch diesem. Ihm aber fehlt nichts so sehr wie er – sich selbst. Er ist sich auf rätselhafte Weise abhanden gekommen und fremd geworden. Die Diagnose, die ihm gestellt werden muss, wird deshalb einen Zustand der Selbstentfremdung an ihm konstatieren. Er müsste lernen, von innen anstatt von außen her zu leben, um wieder wirklich bei sich zu sein. Lässt sich Ähnliches aber auch von der Kirche und ihrer Glaubenslehre sagen? Lebt dieser Glaube tatsächlich noch aus seiner Mitte, verstanden als die ihm von Jesus geschenkte Gewissheit, dass Gott der bedingungslos Liebende ist? Weiß der heutige Christ überhaupt noch darum, dass sich sein Glaube auf den ebenso unausdenklichen wie wunderbaren Satz zurückführen lässt: *Gott liebt dich!?*
Wer sich an der Ikonographie, also an der bildhaften Veranschaulichung der Glaubensmysterien orientiert, wird einen anderen Eindruck gewinnen. Da untersteht die Glaubenswelt eher dem Satz „Gott sieht dich“, wie er vielfach, in Kirchen und Erbauungsbüchern, durch das von einem Dreieck umfasste Auge Gottes – ein Auge ohne das zugehörige Gesicht – ins Bild gesetzt wird. Davon berichtet auch der

unvergessene Theologe JOSEPH BERNHART, dem sich dieses fragwürdige Sinnbild schon von Kindheit an als etwas ihn zutiefst Befremdendes unvergesslich eingeprägt hatte. Dieses Auge krönte auch den Altar einer Heidelberger Barockkirche, die durch eine Hauptvertreterin der christlichen Dichtung, GERTRUD VON LE FORT, in ihrem Roman „Der Kranz der Engel" literarisch vergegenwärtigt worden ist. Nun wurde bei Renovierungsarbeiten dieses „allsehende Gottesauge" entfernt, vermutlich unter dem Eindruck der sich mehrenden Proteste von Kirchenbesuchern, die dieses bedrückende Symbol nicht mehr ertrugen. Dennoch ist der sich dagegen erhebende Widerspruch kein Zeichen der Glaubenserweichung, wohl aber das Symptom eines Wandels in der Glaubenshaltung, der auf seinen Grund zurückverfolgt werden muss.

Wenn das geschieht, wird klar, dass es sich dabei um jenen Glauben handelt, der sich als ein Für-wahr-halten von Sätzen versteht und der sich demgemäß auf einen Gott bezieht, der Glaubensgehorsam fordert. Doch gegen diesen Glauben wandte MARTIN BUBER schon um die Jahrhundertmitte ein, dass er sich nicht auf der Höhe des Glaubens der Propheten bewege, den auch Jesus geteilt habe.[86] Denn für ihn heiße Glauben soviel wie: sich Gott in vollem Vertrauen in die Arme werfen, um in ihm Halt und Stand zu gewinnen. Darauf baut aber gerade der christliche Glaube auf, dem es in Fortführung des jüdischen darum geht, dessen Innenwelt zu erschließen. Er bezieht sich auf den Grund, den Gott dadurch legte, dass er in seinem menschgewordenen Sohn die Lust und Last eines Menschseins auf sich nahm und sich uns dadurch auf unüberbietbare Weise zu verstehen gab.

[86] M. BUBER, Zwei Glaubensweisen, Zürich 1950, 34ff; 98f; dazu die Ausführungen meiner Studie „Die glaubensgeschichtliche Wende. Eine theologische Positionsbestimmung", Graz 1986, 185–193.

Jetzt warf er dadurch den Schleier seiner Verborgenheit von seinem Antlitz ab, dass er in Jesus Kind wurde, heranwuchs, redete, wirkte, kämpfte, litt und zuletzt den Tod überwand. Glauben heißt darum, sich in diese vielstimmige Selbstzusage Gottes vertiefen oder einfacher: Gott verstehen.

Daran gemessen befindet sich das allgemeine Glaubensbewusstsein in einem bedenklichen Rückstand. Nur ansatzweise bricht sich die Einsicht Bahn, dass die Glaubenssätze Gefäße sind, deren Inhalt erschlossen, aufgenommen und zum Lebensinhalt erhoben sein will. So gesehen stehen wir noch immer vor der Pforte zur Innenwelt, über die doch das einladende Jesuswort geschrieben steht: „Bemüht euch, durch die enge Pforte einzutreten, die zum Leben führt, denn viele haben es versucht und es nicht vermocht" (Lk 13,24).

Wir aber gleichen den Besuchern eines großen Domes, die unter dem Eindruck der Fassade mit ihren bildhaft-gegenständlichen Darstellungen der Glaubensmysterien, fasziniert und eingeschüchtert, wie festgewurzelt stehenbleiben, anstatt den uns erwartenden Innenraum zu betreten. Was uns festhält, in Wirklichkeit aber fortbewegen müsste, sind die ungelösten Fragen, die sich angesichts der gegenständlichen Bilder aufdrängen. Bei der Figur des Schöpfers ist es die Frage nach dem von ihm zugelassenen Leid der Welt, bei der Verkündigungsszene die Frage nach der Jungfrauengeburt, bei der Kreuzigung die Frage nach dem eigentlichen Sinn der Passion, bei der Auferstehung die vom Anblick des leeren Grabes aufgeworfene Frage nach dem Wohin des Erhöhten und bei der Wiederkunft die irritierende Vorstellung von einem besonderen und allgemeinen Gericht. Es sind dies, wie jedermann weiß, die großen Glaubensfragen, an denen nur zu viele scheitern und schließlich den Glauben verlieren. Wer sich aber, von diesen Fragen bedrängt, zum

Eintritt in den Innenraum des Glaubens bewegen ließe, wäre freilich im ersten Augenblick von der ihn überströmenden Licht- und Farbenfülle überwältigt. Dann aber würde er derselben Bilder von der Schöpfung, der Menschwerdung, der Passion, der Auferstehung und Wiederkunft nochmals ansichtig werden, jetzt jedoch durchströmt vom Licht der Liebe, die sich in diesen Bildern vielfach bricht und die sie zu einer einzigen göttlichen Selbstzusage zusammenstimmt. Jetzt würde er begreifen, dass der Glaube die Sprache der göttlichen Liebe ist, die den Suchenden zu sich ruft und ihm gleichzeitig auf die ihn bedrängenden Fragen antwortet, insbesondere auch auf die Frage nach dem Sinn seines Lebens. Gleichzeitig würden aber auch die Fragen beantwortet, die durch die gegenständliche Außensicht aufgeworfen worden sind. Als erste die Frage nach der Vereinbarkeit von Gottes Güte mit dem uferlosen Leid der Welt. Im Blick auf das Antlitz des liebenden Gottes würde zunächst einmal klar, dass er uns dieses Dasein in todverfallener Endlichkeit nicht zugemutet hat, um uns einer lebenslangen Prüfung zu unterwerfen, sondern deshalb, weil er nur eine endliche – und deshalb todverfallene – Schöpfung ins Dasein rufen konnte, wenn er hörende und antwortende Gesprächspartner seiner ewigen Selbstverständigung und, nach allem Schmerz und Leid, Teilhaber an seinem ewigen Glück haben wollte. Im selben Augenblick würde aber auch klar, dass uns selbst auf dem Tiefpunkt unseres Unglücks und Elends eines unverlierbar bleibt: Gottes Liebe, die uns gerade dann am innigsten umfängt, wenn nichts mehr für sie zu sprechen scheint.[87] Ebenso würde dann bei dem Artikel „geboren aus der Jungfrau Maria“ deutlich, dass „Jungfräulichkeit“, wie der Reli-

[87] Dazu die tiefsinnige Schrift von SIMONE WEIL, Das Unglück und die Gottesliebe, München 1961, 74f.

gionsphilosoph Karl Matthäus Woschitz nachwies, ein Würdeprädikat ist, das nicht physiologisch, sondern als Hinweis darauf verstanden sein will, dass die zur Mutter des Erlösers Erkorene mit ihrer menschlichen Liebe ganz in die göttliche aufgenommen und von ihr in einer Weise durchstrahlt wurde, dass sie seither mit Recht als das Hochbild gottverbundener Menschlichkeit gerühmt und verehrt wird.[88] Es ist jenes Hochbild, das Novalis, den großen Dichter der Romantik, zu den Worten bewog:

„Ich sehe dich in tausend Bildern,
Maria, lieblich ausgedrückt,
doch keins von allen kann dich schildern,
wie meine Seele dich erblickt.
Ich weiß nur, dass der Welt Getümmel
mir seither wie ein Traum verweht
und ein unnennbar süßer Himmel
mir ewig im Gemüte steht."

Was sodann den Kreuzestod Jesu betrifft, so würde nunmehr einsichtig, dass es nicht genügt, wie in der Außensicht immer nur nach seinem Zweck zu fragen, sondern dass er – wie jedes menschliche Sterben – nach dem sich in ihm klärenden *Sinn* befragt sein will.[89] Denn die zweckgebundene Antwort, die seit den Spätschriften des Neuen Testaments mit dem Hinweis auf sein Sühneleiden und seinen Opfertod gegeben wurde, hatte ihre Schattenseite darin, dass sie den Tod Jesu einem wenn auch noch so hohen Zweck unterwarf. Außerdem wissen die nachweislich ältesten Herrenworte, in

---

88 K. M. Woschitz, M. Hutter, K. Prenner, Das manichäische Urdrama des Lichtes. Studien zu koptischen, mitteliranischen und arabischen Texten, Wien 1989, 142 f.

89 Dazu meine Schrift „Überwindung der Lebensangst", 81–93.

denen sich das ursprüngliche Todesverständnis Jesu bekundet, nichts von seiner Bestimmung zum Opfertod. In der Innensicht des Glaubens kommt nun aber statt dessen der Sinn des Todes Jesu zum Vorschein. Und der bestand in nichts anderem als in dem, was aus Jesu ganzem Wirken und Leben hervorleuchtet: in seiner ungeteilten Liebe zu Gott, zu seiner Sendung und zu den Menschen, denen er Helfer, Tröster und Vollender sein wollte; und das besagt, dass im Kreuzestod Jesu für alle, die sehen können, die Sonne der ewigen Liebe aufging, um Einzug zu halten in dieser hass- und gewalterfüllten Welt.

Im Blick auf den Auferstandenen aber würde sich, dringlicher als je zuvor, die Frage nach seinem „Wohin“ aufdrängen. Sie wäre mit dem Artikel „aufgefahren in den Himmel“ nur zur Hälfte beantwortet. Die andere Hälfte beantwortet der Osterzeuge Paulus mit dem von seinem gesamten Lebenswerk getragenen Satz: Als Auferstandener lebt er fort in den Herzen derer, die sich ihm in Glaube und Liebe zuwenden und verbinden.

Paulus, der antwortende Zeuge, der wie kein anderer der neutestamentlichen Autoren auf die Fragen des heutigen Christen eingeht, ist es auch, der die Innensicht des letzten Artikels erschließt. Denn so sehr auch er vom Richterstuhl spricht, vor dem alle erscheinen müssen, besteht für ihn doch das letzte Kapitel der Geschichte der Welt darin, dass dem, der sich bis zum Tod am Kreuz erniedrigte und die schrecklichsten Schmähungen über sich ergehen ließ, alles unterworfen werden muss, was sich jemals gegen ihn erhob oder sich ihm entzog. Zuletzt aber muss sich seinem einzigartigen Siegeszug sogar sein Urfeind, der Tod, unterwerfen, da die Auferstehung erst mit dessen Vernichtung ihr letztes Ziel erreicht. „Wenn ihm aber alles unterworfen ist“, versichert Paulus im Zug dieser seiner End-Perspektive, „wird sich der Sohn dem unterwerfen, der ihm alles unterworfen hat, damit Gott alles in allem sei" (1 Kor 15,28). Dann gilt, wiederum mit Paulus gesprochen, dass „der Tod verschlungen ist im Sieg"; und damit verstummen auch die letzten Zweifel und Fragen, weil sie sich durch diesen Siegeszug der Liebe überwunden und beantwortet wissen. Dazu gehört insbesondere auch die Frage, die der suchende und fragende Mensch nach dem Zweiten Vatikanum nicht so sehr stellt als vielmehr ist, die Frage nach dem Sinn *seines* Lebens und *seinem* Ort im grandiosen Panorama des sich vollendenden Weltgeschehens.

Jetzt begreifen wir erst, was es heißt, dass der Glaube „aus dem Hören kommt". Er ist nicht nur unser Bekenntnis zu dem, der uns erschuf, der für uns Mensch geworden und nach seinem Kreuzestod glorreich auferstanden ist, um zuletzt die Welt in den Sieg seiner Liebe hineinzunehmen; der Glaube ist mehr! Denn in unser Bekenntnis mischt sich seine Stimme ein. Sie kommt unserem Wort zuvor, sie bestätigt und beantwortet es. So wird unser Glaube zu dem, was das Zweite Vatikanum in ihm sah: zum Dialog mit dem sich in Jesus mitteilenden und durch ihn zu uns redenden Gott. Und wie es in jedem Dialog darum geht, dass sich die miteinander Redenden verstehen, so auch hier. Wenn irgendwo, ist hier das Wort HANS-GEORG GADAMERS angebracht, der auf einem Höhepunkt seiner philosophischen Hermeneutik vom „Wunder des Verstehens" sprach.[90] Glaube, das sagt uns die Innensicht, ist mehr als Gehorsam; er ist ein Mit- und Nachsprechen des Offenbarungsworts, das wie jeder Dialog davon lebt, dass es mit dem Wunder des Verstehens beschenkt wird. Wenn die Zukunft des Glaubens dem

[90] H.-G. GADAMER, Wahrheit und Methode. Grundzüge einer philosophischen Hermeneutik, Tübingen 1972, 276.

Neuen Testament zufolge darin besteht, dass wir den Geglaubten so sehen, „wie er ist“, besteht sein gegenwärtiges Glück darin, dass wir ihn verstehen und von ihm verstanden werden. Dahin gelangen wir, wenn wir das Portal durchschreiten und von der Außen- zur Innensicht des Glaubens übergehen.

Die Frage der Esoterik

Eröffnung einer aktuellen Perspektive

Einführung

Zweifellos lebt das ständig wachsende Interesse an theologischen Innovationen von zwei Impulsen: dem therapeutischen und dem esoterischen. Und beide haben auch tatsächlich mit der aktuellen Entwicklung der Theologie zu tun. Der therapeutische, sofern die Theologie im Begriff steht, sich auf ihre primäre Aufgabe, die „gebrochenen Herzen zu heilen“ (Jes 61,1) zurückzubesinnen und das Christentum im Zuge dieser Einsicht als die Religion der Angst- und Todüberwindung zu erweisen. Der esoterische, sofern sich von der pseudoreligiösen Randszene her die Frage nach einer genuin christlichen Esoterik mit wachsender Dringlichkeit stellt.
Im Zusammenhang mit dem Versuch, diese Frage einer Beantwortung näherzubringen, verdient die Gestalt HILDEGARDS VON BINGEN besondere Beachtung.[91] Denn die Bedeutung ihrer Visionen besteht darin, dass sie den Kosmos zum Gegenstand haben und ihn in seiner Wechselbeziehung zum Menschen ausleuchten. Damit greift die Visionärin über AUGUSTIN zurück, der in Abkehr vom antiken Kosmozentrismus erklärte: „Jetzt erforschen wir nicht mehr die Himmelskreise, auch messen wir nicht mehr die Zwischenräume der Gestirne aus, noch bestimmen wir das Gewicht der Erde: ich

---

[91] Auf das therapeutische Moment im Werk Hildegards konzentrierte sich vor allem HEINRICH SCHIPPERGES; dazu die Literaturangaben in seiner Schrift „Hildegard von Bingen“, München 1995, 118ff; ferner meine Studie „Theologie als Therapie“, Heidelberg 1985.

bin es vielmehr, der über sich nachdenkt, ich, der Menschengeist."[92]

Damit trat der Mensch in den Mittelpunkt der Reflexion und, im weiteren Verlauf der Entwicklung, an die Stelle des Kosmos die „ganz gewiss vom Menschen gemachte" gesellschaftlich-geschichtliche Menschenwelt (VICO).[93] In seinem antichristlichen Affekt versuchte erst NIETZSCHE, mit diesem Denken zu brechen und den Kosmos im Rückgriff auf die Antike wiederzugewinnen.[94]

Im Vergleich zu Hildegard erscheint sein Unternehmen weniger revolutionär und ihr Verfahren im Vergleich zu Nietzsche ebenso traditionell wie prospektiv. Traditionell, weil sie auf die Schau des Erlösungswerks zurückgreift, die dieses als das Werk der Wiedereinbringung (Rekapitulation) der durch die Urschuld zersprengten Weltwirklichkeit begreift; aber auch prospektiv, sofern sie auf TEILHARD DE CHARDIN vorausweist, der den Kosmos erneut, wenn freilich aus streng christozentrischer Sicht, wiederentdeckte.

Was sie von beiden unterscheidet, ist ihre ausgesprochen esoterische Sicht. Das zeigt sich schon in den Illustrationen des *Sciviaskodex*, die aus der traditionellen Ikonographie ausbrechen und die Inhalte fast durchweg in neuartigen Konfigurationen aufscheinen lassen. Das bestätigt sodann ihre von archetypischen Elementen durchsetzte Denkweise, nicht zuletzt aber auch das bei aller Bodenhaftung eigentüm-

---

92 AUGUSTINUS, Confessiones X, c. 25.

93 Auf diesen Umbruch im Weltbegriff hob vor allem KARL LÖWITH ab; dazu seine Abhandlung „Weltgeschichte und Heilsgeschehen. Die theologischen Voraussetzungen der Geschichtsphilosophie", Stuttgart 1953, 109–128.

94 Auf das zumindest partielle Scheitern seines Versuchs verwies LÖWITH in seinem Werk „Nietzsches Philosophie der ewigen Wiederkehr des Gleichen", Stuttgart 1956; dazu mein Beitrag „Karl Löwith: Kritiker – Deuter – Lehrer", Heidelberg 1997.

lich entrückte Selbstbewusstsein, das aus ihren Selbstzeugnissen spricht.[95]

Die Berechtigung

Die Frage nach Sinn und Recht der Esoterik ist, schon in Erinnerung an die frühchristliche Abgrenzung des Glaubens von den Geheimlehren der Gnosis, erst recht aber im Blick auf die ausufernde Esoterikszene der Gegenwart, eine Grund- und Lebensfrage des Christentums, die allein vor dem dafür höchsten Forum, der biblischen Botschaft, entschieden werden kann. Zum Erstaunen aller Kritiker ist das von ihr gefällte Urteil bei aller Zurückhaltung positiv, wie dies schon ein flüchtiger Blick in die Evangelien bestätigt. So nimmt Jesus, unbeschadet der – zweifellos zu verneinenden – Frage nach der Historizität der Berichte, die von seinen Gleichnisreden überforderten Jünger beiseite, um ihnen in exklusiver Darlegung den Sinn seiner Gleichnisse zu erklären, die er, wie er in befremdendem Selbstwiderspruch versichert, „den anderen“ nur vorgetragen hatte, „damit sie sehen und doch nicht sehen, hören und doch nicht verstehen“. In ähnlichem Sinn erklärte der johanneische Jesus den Hörern seiner Abschiedsreden: „Noch vieles hätte ich euch zu sagen, doch ihr könnt es jetzt noch nicht ertragen“, und er sichert ihnen den Beistand zu, der sie „in alle Wahrheit“ einführen werde. Nicht umsonst spricht RUDOLF SCHNACKENBURG wiederholt vom esoterischen Einschlag des vierten Evangeliums.
Doch der Kronzeuge der christlichen Esoterik ist fraglos PAULUS. In seiner Einführung in die Denkwelt des Apostels

---

[95] Dazu der von ADELGUNDIS FÜHRKÖTTER hrsg. Briefwechsel, Salzburg 1965.

verweist der Oxford-Theologe ERIC P. SANDERS auf die Doppelschichtigkeit der paulinischen Theologie, die an ihrer „Oberfläche" mehrfach Traditionsgut, insbesondere antiochenischen Ursprungs vermittelt, in ihrer Tiefenschicht jedoch oft davon weit unterschiedene Inhalte aus der Eigensicht des Apostels bietet.[96] In seiner Korrespondenz mit Korinth versichert dieser sogar ausdrücklich, dass er seinen Lesern am liebsten die „feste Speise" seiner Geheimlehre gereicht hätte, dass er jedoch angesichts ihrer durch ihren Parteienstreit beschränkten Fassungskraft genötigt sei, sie mit der „Milch" des Allgemeinverständlichen abzuspeisen (1 Kor 2,3). Dem hatte er einen förmlichen Exkurs über sein eigentliches Anliegen vorangestellt. In betonter Absage an die gottblinde „Weisheit" der „Herrscher dieser Welt", die den leibhaftigen Inbegriff der in Christus erschienenen Gottesweisheit ans Kreuz schlugen, versichert er: „Auch wir verkünden Weisheit, jedoch nicht die Weisheit dieser Welt ..., sondern die Gottesweisheit im Geheimnis, verstanden als das, was kein Auge geschaut, kein Ohr vernommen und keines Menschen Herz jemals empfunden hat, was aber Gott denjenigen erschloss, die ihn lieben" (1 Kor 2,6–9).
Demgegenüber spricht die Paulusschule von der vielfarbigen (polypoikilos) Weisheit (Eph 3,19), die das Licht der Gotteswahrheit durch das Medium der Lebensgeschichte Jesu in ein ganzes Farbenspektrum auffächert und so für die Verkündigung erschließt. So sehr damit die Rechtsfrage geklärt ist, stellt sich damit doch die Zusatzfrage nach dem lebensgeschichtlichen Faktum, das Paulus zu dieser esoterischen Sicht führt und zuvor noch die nach dem Verhältnis seiner Sicht zu Hildegards esoterischer Deutung des Welt- und Heilsgeschehens.

---

[96] E. P. SANDERS, Paulus – Eine Einführung, Stuttgart 1995, 98.

Die kosmozentrische Esoterik

HILDEGARD stößt mit ihrer Schau, aus der Perspektive des Apostels gesehen, in eine von ihm gelassene Lücke. Zwar kennt auch er den einen Herrn, durch den, wie seine Präexistenzaussage betont, alles geworden ist und durch den auch wir sind (1 Kor 8,6); doch nimmt er den Kosmos als solchen nicht in den Blick, da für ihn „die Gestalt dieser Welt vergeht" (1 Kor 7,31) und die ihrem Vollendungsziel entgegenharrende Schöpfung „seufzt und in Wehen liegt" (Röm 8,22). Demgegenüber hat für Hildegard alles Geschaffene, ungeachtet seiner Vorläufigkeit, ebenso menschliche wie religiöse Bedeutung. Dabei erschließt sich das spezifisch esoterische Moment ihrer Schau, wenn man diese in ihrer Herkunft aus der Mikrokosmosidee begreift. Danach ist der Mensch einer unvordenklichen Auffassung zufolge, die sich noch bis GOETHES „Faust" und WERFELS „Stern der Ungeborenen" durchhielt, der individuelle Abriss des Universums und dieses die ins Kosmische geweitete Großgestalt des Menschen.[97] Deshalb erinnert sein Kopf an das Firmament, die Augen an Sonne und Mond, der Atem an die Winde, das Blut an Flüsse und Meer, der Leib an die Erde. Deshalb steht der Mensch in einer Lebensbeziehung zum Kosmos, ohne deshalb freilich, wie der astrale Fatalismus es wollte, in seinen Verhaltensweisen festgelegt zu sein; und daher kommt es im Interesse der Gesundheit, der Hildegards intensive Zuwendung gilt, darauf an, den Körper in Übereinstimmung mit den kosmischen Gesetzen zu bringen. Im Blick auf ihre Heilkunde und die ihr zugrunde liegende Denkweise betonte ILDEFONS HERWEGEN, dass „kein mittelalterlicher Mensch auch nur annä-

---

[97] Nähres dazu in meiner Abhandlung „Der Mensch – das uneingelöste Versprechen", Düsseldorf 1985, 14–20.

hernd so tief wie sie in das geheime Weben der Natur" eingedrungen sei und ein vergleichbares „Miterleben mit allen Elementen der Schöpfung" erreicht habe.[98] Das bestätigt Hildegard, wenn sie in einer Kölner Predigt den Schöpfer sagen lässt: „Ich schuf das Firmament in aller Fülle und Schönheit, ohne an irgendetwas zu geizen. Es besitzt Augen gleichsam zum Sehen, Ohren zum Hören, eine Nase zum Riechen, einen Mund zum Schmecken. Denn die Sonne ist gleichsam das Licht seiner Augen, der Wind das Gehör seiner Ohren, die Luft sein Geruchssinn, der Tau sein Geschmack … Der Mond setzt die Zeit der Zeiten und zeigt sie den Menschen an. Die Sterne aber sind wie geisterfüllte Kräfte, und sie ziehen ihre Kreisbahn, so wie die menschliche Denkkraft viele Dinge umfasst.[99]

Und als hätte sie bereits den „Morgen" aus dem Tagzeitenzyklus Philipp Otto Runges vor Augen, schreibt sie in ihrem an das Mainzer Domkapitel gerichteten Protestschreiben: „O wahre Liebe, du ewiger Gott! Du hast für alle deine so weise geschaffenen und georteten Geschöpfe in so kurzer Frist den Menschen gebildet, um ihn gleichsam zu einem wohlvorbereiteten Mahl zu führen. So sagt man ja auch, dass der Tag anbricht, wenn die Morgenröte der Sonne aufsteigt. Du hast den Menschen sogleich den Odem des Lebens eingehaucht, so wie die Sonne der Morgenröte folgend, ihre Strahlen leuchtend ausbreitet."[100]

Doch der Mensch, dieses Vorzugsgeschöpf Gottes, hängt mit Heinrich Schipperges gesprochen, „nicht nur im Weltennetz"; vielmehr hält er dieses Netz auch selbstverantwortlich in sei-

---

98 Nach H. Schipperges, Hildegard von Bingen, 64.

99 Epistola 15 R; nach M. Schmidt, Zur Bedeutung der geistlichen Sinne bei Hildegard von Bingen, in dem von ihr hrsg. Sammelband: Tiefe des Gotteswissens – Schönheit der Sprachgestalt bei Hildegard von Bingen, Stuttgart–Bad Cannstatt, 1995, 133f.

100 PI 222 B; nach Schipperges, Hildegard von Bingen, 78.

ner Hand. Und wiederum glaubt man einen Vorklang, diesmal sogar von FREUDS Zielfigur des „Prothesengottes“ zu vernehmen, wenn es vom Menschen heißt: „Er hat ihm die Rüstung der gesamten Schöpfung angezogen, damit er alle Welt im Sehen erkenne, im Hören verstehe, im Geruch unterscheide, im Geschmack verzehre und im Tasten beherrsche.“ [101]

Mit diesem Vorgriff auf den zugleich technisch überhöhten und versklavten Menschen beweist Hildegard überdies den Gegenwartsbezug ihrer Schau. Denn diese wirkt im Blick auf Freud wie eine Verheißung, dass auch die Extremform, auf die der Mensch im Zeitalter der modernen Hochtechnik zusteuert, religiös eingeholt und integriert werden kann. Überzeugender lässt sich die Aktualität dieser Weltsicht schwerlich beweisen.

Ihre Aktualität betrifft aber kaum weniger auch ihre neuerdings zunehmend beachteten – und vielfach genutzten – therapeutischen Ideen und Ratschläge, die gleichfalls in ihrer kosmozentrischen Esoterik wurzeln. Heilbringend ist für sie nicht so sehr der Arzt als vielmehr die durch ihn in ihren heilenden Energien freigesetzte Natur. Wie sie den Menschen gleich allen Lebewesen hervorgebracht hat, erhält sie ihn auch durch ihre Gaben und die ihm aus ihren verborgenen Quellgründen zuströmenden Kräfte im Dasein. Ebenso sind es die von ihr bereitgestellten und vom Arzt sinnvoll angewandten Heilmittel, durch die sie seine gefährdete oder geschwächte Gesundheit wiederherstellt. Krankheit ist für Hildegard demgemäß Folge und Symptom der schuld- oder schicksalhaft gestörten Harmonie der Wechselbeziehung von Mensch und Kosmos. Damit weist ihre Vorstellung von Heil und Heilung zurück auf das stoische Prinzip des in

---

[101] A. a. O., 40; ferner das auf Seite 23 mitgeteilte Freud-Zitat.

Übereinstimmung mit der Natur zu bringenden Daseins. Im Weltgesetz findet ein jeder ebenso die Wegweisung zum richtigen Handeln wie die Anweisung zu einem auch in gesundheitlicher Hinsicht geglückten Leben. [102]
Gleichzeitig weist Hildegard mit diesem Konzept aber auch modellgebend in die gegenwärtige Glaubenssituation voraus. Denn die theologische Auslegung des Glaubens ist, ebenso wie seine lehramtliche Verkündigung, ausgesprochen kopflastig: diese durch die Überbetonung des ethischen Aspekts; jene durch die Vernachlässigung der therapeutischen Sinnbestimmung. Dem Christentum aber geht es von seinem Ursprung her mehr um die Heilung und Erhebung als um die Erziehung des Menschen. Deshalb ist es von diesem in ihm fortwirkenden Ursprung her eine genuin therapeutische und mystische Religion. Das Modell von Hildegards esoterischem Denken und therapeutischem Wirken könnte somit dazu verhelfen, das gestörte Selbstverhältnis des gegenwärtigen Christentums wieder ins Gleichgewicht zu bringen. Wenn aber das erreicht werden soll, stellt sich die Frage, wie sich die im Vergleich zu Hildegard ursprünglichere Esoterik des Apostels Paulus konkret gestaltete und worauf sie letztlich zurückging.

Die christozentrische Esoterik

Wenn die Esoterik Hildegards dem Einblick in das „geheime Weben der Natur“ und damit in die Tiefenstrukturen des Kosmos entstammt, dann die paulinische zweifellos dem in seinem Stellenwert nicht hoch genug anzusetzenden Damas-

[102] Dazu: H. Schipperges, Hildegard von Bingen, 64–90.

kuserlebnis des Apostels.[103] In jener visionären Begegnung mit dem Auferstandenen, so versichert er im Urzeugnis seines Galaterbriefs, habe ihm Gott in seiner Güte das Geheimnis seines Sohnes ins Herz gesprochen (Gal 1,15f), sei ihm der Lichtglanz der Gottherrlichkeit auf dem Antlitz Christi aufgegangen (2 Kor 4,6) und sei er von Christus in einer Weise ergriffen worden, dass ihm sein Leben seither in dem Wunsch bestehe, ihn seinerseits immer tiefer zu begreifen und ebenso in der Macht seiner Auferstehung wie in der Leidensgemeinschaft mit ihm kennenzulernen (Phil 3,6.12).

Der esoterische Grundzug dieses Selbstzeugnisses kommt zum Vorschein, wenn man es auf den bereits angesprochenen Eingang des Ersten Johannesbriefs bezieht, in dem das hinter dem Brief stehende Kollektiv versichert: „Was von Anfang an war, was wir gehört und mit unseren Augen gesehen, was wir geschaut und mit unseren Händen ergriffen haben, das Wort des Lebens, das verkünden wir euch (1 Joh 1,1ff)."

Da sich das Wort schon aus zeitlichen Gründen nicht auf die Wahrnehmung des Auferstandenen, ebenso wenig aber auch auf das Realitätsmoment der Inkarnation bezieht, kann sich in ihm nur die den ganzen Brief durchstimmende Überzeugung bekunden, dass der in den Seinen fortlebende Christus auf neue, wenngleich innerliche Weise vernommen, geschaut und gefühlt werden will.[104] Auf gleiche Weise spricht auch Paulus im akustischen, optischen und hapti-

---

[103] Eine Ausnahme macht darin der jüdische Interpret des Apostels SCHALOM BEN-CHORIN, für den das Geschehen um Jesus Episode geblieben wäre, „wenn nicht die Erscheinung des Auferstandenen dem Paulus vor Damaskus zuteil geworden wäre": Paulus. Der Völkerapostel in jüdischer Sicht, München 1980, 22; ferner CH. DIETZFELBINGER, Die Berufung des Paulus als Ursprung seiner Theologie, Neukirchen-Vluyn 1989, 64–76; 116–137.

[104] Dazu meine Schrift „Überwindung der Lebensangst. Wege zu einem befreienden Gottesbild", München 1996, 20f.

schen Sinn von seiner österlichen Heilserfahrung. Damit stößt er die „Innenwelt“ dessen auf, was die übrigen Osterzeugen nur „von außen“ mit dem Protokollsatz „ich habe den Herrn gesehen“ bekundeten. Das verbindet ihn mit dem johanneischen Kollektiv, dem es gleichfalls um eine „esoterische“ Erfahrung, wenngleich nachösterlicher Art, zu tun war.

Esoterisch wirkt vor allem aber die Dimension, die er mit der Formel „in Christus“ erschließt und die als die Innenseite seiner Vorstellung vom mystischen Christusleib verstanden werden kann.[105] Wer „in Christus“ ist, ist für ihn „eine neue Schöpfung“; er ist „in allem reich geworden“, „gerechtfertigt“ und „zum Leben gebracht“, „befreit“ und „gestärkt“, „gefestigt“ und „bewahrt“. Insofern umgibt ihn dieses Einbezogensein wie eine ihn gleicherweise beschirmende und umhüllende Sphäre, die ihm Geborgenheit und Frieden gewährt, nicht weniger aber auch jene Zuversicht, die ihn zum Zeugnis in Wort und Tat bewegt. Da die Erfahrung des Seins „in Christus“ für Paulus aber immerfort in die des „Christus in uns“ umschlägt, ist das gleichbedeutend mit dem Vollzug des Lebens, das der fortlebende Christus in den Seinen in der Weise führt, dass er sie durch seinen Geist erleuchtet, durch seine Kraft bestärkt und durch seine Liebe zu liebender Betätigung ihres Glaubens drängt.

Wenn Paulus es auch vermeidet, so wie dann nach ihm die Charismatiker im Namen des Erhöhten zu sprechen, so prägte er doch, wie Ernst Käsemann zeigte, „Sätze heiligen Rechtes“, während er gleichzeitig darauf bestand, dass seine Verkündigung ihrer Qualifikation zufolge „als Wort Gottes“

---

[105] Dazu A. Stolz, Theologie der Mystik, Regensburg 1936, 47–63; A. Schweitzer, Die Mystik des Apostels Paulus, Tübingen 1930, 122–127; 262–270.

angenommen werde (1 Thess 2,13).[106] Ebenso wenig zögert er, das Ansinnen seiner Kritiker, Beweise für seine Lebens- und Denkgemeinschaft mit Christus zu erbringen, an diese mit der Forderung zurückzugeben: „Prüft euch doch selbst, ob ihr im Glauben lebt; stellt euch auf die Probe! Oder erseht ihr an euch nicht, dass Christus in euch ist? Wenn nicht, hättet ihr die Probe nicht bestanden" (2 Kor 13,3ff).
Die Frage nach den Kriterien, an denen sie dies hätten ersehen können, stellt definitiv vor die bisher nur unausdrücklich gestellte Frage nach dem Verhältnis von Esoterik und Mystik.

Esoterik und Mystik

Ein derartiges Kennzeichen wäre es gewesen, wenn die Gemeinde einem bei ihrer Versammlung anwesenden Ungläubigen so zugeredet hätte, dass dieser, ins Herz getroffen, hätte bekennen müssen: „Wahrhaftig, Gott ist in eurer Mitte!" (1 Kor 10,23ff). Schon in diesem Fall sind die Grenzen zu esoterischen Erscheinungen parapsychologischer Art fließend. Erst recht gilt das von der Entrückung „in den dritten Himmel", von welcher Paulus am Schluss seines Leidenskatalogs, wenngleich in auffällig distanzierter Sprache, berichtet (2 Kor 12,2– 6), und damit von jener Stelle, auf die sich Hildegard ausdrücklich in ihrem Antwortschreiben über die Himmelsreise des Apostels bezieht.[107] Der Vorgang steht in einer so vielfältigen Entsprechung zu analogen Erlebnisberichten, auch vor- und außerchristlicher Provenienz, dass er mehr noch der Esoterik als der Mystik zugerechnet werden muss, zumal, wie HANS LIETZMANN betont, ein Hinweis auf

---

[106] E. KÄSEMANN, Sätze des heiligen Rechtes im Neuen Testament, in: Exegetische Versuche und Besinnungen, Göttingen 1986, 96–106.
[107] M. SCHMIDT, A. a. O., 123.

die Damaskusvision des Apostels „auffällig“ fehlt.[108] Mit dieser verbindet ihn dann allerdings das Vernehmen der „unsagbaren Worte“, das an die Offenbarung des Gottessohnes im Zentralzeugnis (Gal 1,15f) erinnert.
Wenn man den Bericht von der Himmelsreise des Apostels mit denjenigen vergleicht, die Martin Buber in seinen „Ekstatischen Konfessionen“ (1921) von Hildegard, Mechthild von Magdeburg, Angela von Foligno und zumal von Alpais von Cudot wiedergibt, die wie Paulus nicht entscheiden kann, ob ihre Entrückung „im Leibe oder außer dem Leibe“ erfolgte, wird man nicht bezweifeln können, dass der Hauptakzent auf der Einbeziehung in eine neue, vom Pneuma Christi durchwaltete Sphäre liegt. Wichtigstes Kriterium dessen ist aber ebenso unzweifelhaft die mystische Inversion, die Paulus sein Erkennen als Widerschein eines vorgängigen Erkanntseins, sein Sehen als Frucht eines zuvorkommenden Gesehenseins und sein Begreifen als Folge eines vorangehenden Ergriffenseins erfahren lässt. Das ist zwar unmittelbar Ausdruck der „Atemwende“, die jede spirituelle Aktivität auf eine göttliche Initiative zurückführt; doch wird an dieser Stelle zudem deutlich, dass die Grenzen zwischen christlicher Esoterik und Mystik fließend sind, weil beide in einer denkbar engen Wechselbeziehung stehen. Tangential kommen bei der Esoterik wohl auch magische und parapsychische, vor allem tiefenpsychologische Komponenten ins Spiel, der Hauptunterschied gegenüber der Mystik besteht jedoch in ihrer kognitiven, auf eine tiefere und umfassendere Sicht geistes- und glaubensgeschichtlicher Zusammenhänge ausgerichteten Tendenz, während die Mystik mit ihrer zentralen Zielrichtung auf Gotteserfahrung und, mit ihrem Kernbegriff gesprochen, auf „unio mystica“ ausgeht.

---

[108] H. Lietzmann, An die Korinther I/II, Tübingen 1949, 155.

Erst jetzt ist die Handhabe dafür gefunden, den Begriff der esoterischen Denk- und Lebensform genauer zu bestimmen und die Grenzen ihrer Vereinbarkeit mit christlichen Positionen genauer auszuziehen. Esoterik, so ergibt es sich aus der gewonnenen Einsicht, ist eine in betonter Abkehr von der außen- und gegenstandsorientierten Wissenschaft nach innen gerichtete Denkweise, die auf Signale aus der alles Seiende vernetzenden Sphäre achtet und in ihrer antimetaphysischen Randzone der Unterscheidung von Subjekt und Objekt die Vorstellung von einer beides amalgamierenden Feinstofflichkeit entgegensetzt. Organe der esoterischen Hellsicht sind die aus der asiatischen Geheimlehre übernommenen Zentren (Chakras), vorzügliche Erfahrungsformen die Telepathie, Präkognition und Telekinese. Da diese Phänomene der rationalen Nachprüfung entzogen sind, ist die Gefahr der Täuschung groß und deshalb Skepsis, zumindest kritische Vorsicht geboten.[109]

Unvereinbar mit den Prinzipien des christlichen Glaubens ist die in esoterischen Kreisen weitverbreitete Reinkarnationsvorstellung, der Glaube an astrale Vorherbestimmung und die gleichfalls oft zu beobachtende Tendenz, den Vatergott Jesu gegen einen archaischen Muttergottglauben auszutauschen. Denn die Lehre von iterierenden Wiedergeburten widerstreitet der Einzigartigkeit und unvertretbaren Dignität der menschlichen Person, während die Astrologie ebenso der Botschaft von der Entmachtung der Weltelemente widerspricht wie die Etablierung einer Muttergottheit der zentralen Lebensleistung Jesu, die in der Entdeckung des bedingungslos liebenden Vatergottes ihre diamantene Mitte

[109] Dazu B. Haneke und K. Huttner, Spirituelle Aufbrüche, New Age und „Neue Religiosität“ als Herausforderung an Kirche und Gesellschaft, Regensburg 1991, ferner M. Widl, Christentum und Esoterik. Darstellung, Auseinandersetzung, Abgrenzung, Graz 1995.

hat. Von hier aus könnte man dann aber auch die noch offene Frage nach dem Verhältnis von Esoterik und Mystik, und zwar im Sinn eines Wechselverhältnisses beantworten. Demnach erscheint die Esoterik als eine über den Horizont der Rationalität hinausgehende und bisweilen in die abschüssigen Bereiche des Irrationalen ausufernde Mystik, während diese ihrerseits als eine auf den Innenraum genuin christlicher Denk- und Vollzugsformen eingegrenzte Esoterik zu bestimmen wäre.
Wichtiger als die Unterscheidung der beiden Formen ist jedoch die Bestimmung des Beitrags, den sie, wenngleich mit unterschiedlicher Kompetenz, zur glaubensgeschichtlichen Entwicklung leisten.

Die spirituelle Dimension

Was es mit diesem Beitrag auf sich hat, wird deutlich, wenn man sich der Einsicht nicht verschließt, dass Paulus im Vergleich mit HILDEGARD die größere Gegenwartsnähe aufweist, und dies auch angesichts der Tatsache, dass der Kosmozentrik Hildegards angesichts der Schrumpfvorstellung von Welt, die der ökologischen Blickeingrenzung auf die vom Menschen bedrohte Erde zugrundeliegt, eine besondere Aktualität zukommt. Das aber lässt auf einen Fortschritt im Glaubensbewusstsein schließen, näherhin auf eine Verlagerung des Schwerpunkts vom Glauben an den Schöpfergott auf das von Paulus ins Zentrum gerückte Mysterium von Tod und Auferstehung Jesu.
Gleichzeitig spiegelt sich in der heutigen Paulusrezeption auch ein Fortschritt im Verständnis des Apostels. Während die Mehrzahl der Interpreten in ihm noch immer nur den Referenten der den Osterglauben tragenden Zeugen erblickt,

ist neuerdings eine zunehmende Beachtung seines Selbstzeugnisses zu verzeichnen.[110]
Damit drängt das ureigene Anliegen des Apostels in den Vordergrund, wie es sich in seiner Klage bekundet, dass er zu seinen Adressaten nicht wie zu Geistesmenschen, denen er „Geistgegebenes durch Geistesworte" erklären möchte, sondern nur wie zu Unmündigen reden könne (1 Kor 2,13; 3,18). Das aber bezieht sich eindeutig auf jene Innensicht des Glaubens, die Paulus mit der von ihm vielfach gebrauchten Formel „in Christus" erschließt. ADOLF DEISSMANN, der als der Entdecker der tatsächlichen Bedeutung dieser Formel zu gelten hat, versteht sie als Ausdruck der Einbeziehung der Glaubenden in die pneumatische Seinsform des auferstandenen und fortlebenden Christus.[111] Nur so ist es zu erklären, dass der Glaubende in Christus leben (Röm 8,2), denken (Phil 2,5) und reden (Röm 9,1), sich bereichert (1 Kor 1,4f), befestigt (2 Kor 1,21) und zum Leben erweckt (1 Kor 15,22) fühlen kann. Nicht umsonst erinnert die Formel an die „kollektive Bildrede" (BORIG) des Johannesevangeliums vom Weinstock (Joh 15,1–8), die gleichfalls um das Motiv der fruchtbringenden Lebensverbindung mit dem fortlebenden Christus kreist.[112] Was sie von innen her entfaltet, beschreibt die paulinische Formel im Sinn einer umfangenden Einbeziehung. Ihr geht es um den Eintritt in die neue geistige „Lebens- und Machtsphäre", in die sich der Christ aufgenommen weiß. Entscheidend ist es für Paulus jedoch, dass

---

110 Dazu J. KREMER, Das älteste Zeugnis von der Auferstehung Christi. Eine bibeltheologische Studie zur Aussage und Bedeutung von 1 Kor 15, 1–11, Stuttgart 1970; J. GNILKA, Paulus von Tarsus, Apostel und Zeuge, Freiburg 1995.

111 A. DEISSMANN, Paulus. Eine kultur- und religionsgeschichtliche Skizze, Tübingen 1925, 111–115.

112 R. BORIG, Der wahre Weinstock, Untersuchungen zu Joh 15,1–10, München 1967, 46; 48.

er, wie ALFRED WIKENHAUSER hervorhob, diese Heilssphäre mit der Person Jesu gleichsetzt.[113] Die Lösung der von ihm dabei empfundenen „Schwierigkeit“ ergibt sich aus der paulinischen Vorstellung vom Fortleben Christi in Gestalt einer alle umschließenden und einbegreifenden kollektiven Größe. Das präzisierte EDUARD SCHWEIZER, wenn er die mit dem „in Christus“ umschriebene Lebenssphäre mit dem Leben im mystischen Leib gleichsetzt.[114] Obwohl es Paulus im Kontext dieses Bildmotivs vorwiegend um das kooperative Verhältnis der Charismen zu tun ist, geht es ihm doch kaum weniger um das gegenseitige Verwiesensein und die Lebens- und Leidensgemeinschaft der in diesem „Leib“ Geeinten, zumal aber um ihre Hinordnung auf das „Haupt“, von dem sie alle Eingebungen und Impulse empfangen.
Auch im Sciviaskodex erscheint als fünfte Schau des zweiten Buches die Lichtgestalt des mystischen Leibes, die in der Folge als der lebendige Inbegriff der kirchlichen Ständeordnung gedeutet wird, die dann in der anschließenden Schau als die bräutliche Kirche unter dem Kreuz steht, um schließlich dem geopferten Gottessohn zugeführt und angetraut zu werden.[115] Glaubensgeschichtlich gesehen wirkt das wie eine bildhafte Vorwegnahme des Vorgangs, der, vor allem im Gefolge des Zweiten Vatikanums, von dem ekklesiologisch orientierten Glaubensaspekt zum christologisch zentrierten führte. Eigentümlich gegenwartsnah berührt auch die Erwähnung der unter der Lichtgestalt heraufziehenden Finsternis, von der es heißt: „Wenn der Sohn Gottes nicht

---

113 So seine „Christusmystik des Apostel Paulus“, Freiburg 1956, 25–37.

114 E. SCHWEIZER, Jesus Christus im vielfältigen Zeugnis des Neuen Testaments, München und Hamburg 1968, 114.

115 HILDEGARD VON BINGEN, Wisse die Wege – Scivias, Salzburg 1934, 43f; 175–187.

gelitten hätte, so würde diese es dem Menschen unmöglich machen, zum himmlischen Licht zu gelangen.“ [116]

Konsequenzen

Wenn man versucht, aus dem Einblick in die von Paulus erschlossene und von Hildegard imaginierte Dimension Konsequenzen zu ziehen, so betrifft die erste die Überwindung der heraufdrohenden Finsternis, die ihrem Gegenwartsbezug zufolge an die Dunkelzone erinnert, die den Glauben in Gestalt des schon von NIETZSCHE beschworenen Geistes der Schwere verschattet. Denn nichts belastet den glaubensbereiten Menschen so sehr wie dieser Ungeist, der ihm einredet, dass das Gott wohlgefällig sei, was ihm schwerfällt und wehtut und der das menschliche Gottesverhältnis insgesamt einem unwürdigen „Handelsgeist“ in Gestalt des Leistungs- und Vergeltungsgedankens unterwirft. Das aber hat, mit Paulus gesprochen, seinen tiefsten Grund darin, dass sich das Christentum noch immer nicht zu jener beglückenden Einsicht erhob, zu der er mit den Worten aufruft: „Ihr habt doch nicht den Geist der Knechtschaft empfangen, so dass ihr euch aufs Neue fürchten müsstet, sondern den Geist der Sohnschaft, in dem wir rufen: Abba – Vater!“ (Röm 8,15). [117]
Die ungleich wichtigere Konsequenz besteht jedoch darin, dass der aus dieser Dunkelzone hervorgetretene Glaube zu sich selbst kommt: zum Bewusstsein seiner Kreativität, seines Prinzips und seines Glücks. Zum Wissen um seine Kreativität; denn der „verinnerlichte“ Glaube begreift sich im

116 A. a. O., 175.
117 W. SCHMITHALS, Die theologische Anthropologie des Paulus, Stuttgart 1980, 125–132.

Unterschied zu dem bloß rezeptiven Gegenstandsglauben als Ermächtigung, der es aufgegeben ist, das spontan mitzuvollziehen und mitzugestalten, was ihm im Offenbarungswort zugesprochen wird. Sodann zum Wissen um sein Prinzip: denn ihm wird die lebendige Interaktion deutlich, in der er mit dem letztlich Geglaubten steht; ja, er begreift sogar, dass es im Grunde dieser ist, der ihn bewegt und trägt. Und er gelangt so schließlich zum Wissen um sein Glück. Denn mit der Dunkelzone hat er auch die Meinung hinter sich gelassen, es gehe im Glauben um die Erfüllung einer Schuldigkeit und Pflicht. Statt dessen begreift er die einzigartige Vergünstigung, deren er sich erfreut und die sich vor allem darin bestätigt, dass sich der Glaubende im Blick auf das ihm im tiefsten Glaubensgrund entgegentretende Antlitz des Auferstandenen an das Ziel seiner Sinnsuche geführt sieht. So aber entspricht es nicht nur dem paulinischen Glaubensentwurf, sondern nicht weniger dem der christlichen Esoterik und Mystik, wie sie sich gerade auch in der Denk- und Bilderwelt der Hildegard von Bingen ihren zeitüberdauernden Ausdruck schuf.

Mit dem Herzen glauben

Umriss einer Theologie des Herzens

„Die stillsten Worte sind es, welche den Sturm bringen. Gedanken, die mit Taubenfüßen kommen, lenken die Welt." [118] Dieses Wort aus NIETZSCHES „Zarathustra" bietet sich wie ein Schlüssel zu einem bisher wenig beachteten Motiv bei Paulus an, der wie kein anderer dem Christentum zu seinem wahrhaft stürmischen Siegeszug verhalf. Denn im Zentrum seiner Verkündung, seiner Theologie, ja sogar seiner ungemein dynamischen Persönlichkeit steht bei genauerem Zusehen das denkbar „stillste" Motiv, das *Herz*. Das ist angesichts seines Erscheinungsbildes, seiner Einschätzung und seiner Lebensleistung so wenig zu erwarten, dass es in aller Form bewiesen werden muss. Doch ist zunächst das zu berücksichtigen, was dem angezielten Versuch entgegensteht, was also sein Erscheinungsbild, seine gängige Beurteilung und sein theologisches und kerygmatisches Werk betrifft und vor die Frage stellt: Wer war Paulus?

Auf diese von ERICH SEEBERG ausdrücklich gestellte Frage antwortet seit alters ein denkbar widersprüchlicher Chor, der Paulus entweder zum großen Interpreten Jesu, zum wortgewaltigsten Verfechter seiner Sache, wenn nicht gar zum eigentlichen Schöpfer des Christentums oder aber zu dessen verhängnisvollem Verfälscher und Verderber erklärt. Vom Feuer seines Geistes zeigten sich vor allem diejenigen ergriffen, die sich nach den Zeiten der Verdrängung, ja der Verdächtigung des Apostels um seine Wiederentdeckung mühten, so in der Antike CHRYSOSTOMUS und AUGUSTIN, im Mittel-

---

[118] F. NIETZSCHE, Also sprach Zarathustra II, Die stillste Stunde.

alter BERNHARD VON CLAIRVAUX und NIKOLAUS VON KUES und in der Gegenwart ANTONIO ROSMINI und HERMANN SCHELL. Letzterer betont, als hätte er das eingangs zitierte Nietzsche-Wort im Ohr, geradezu enthusiastisch: „Er ist ein Feuerbrand, der von Christus glüht, er ist ein Sturm, in dem Christus seine Macht offenbart ... Jesus ist der ganze Lebensinhalt des Apostels Paulus. Dadurch ist er zum Weltapostel geworden, dass Jesus sein Lebensinhalt geworden ist und dass er diesen Lebensinhalt als so groß empfunden hat, dass er, der Pharisäer, die nationalen Schranken des Überlegenheitsglaubens sprengen musste. Paulus ist ein reicher, gewaltiger, fruchtbarer Geist, aber sein Reichtum, seine Liebe, seine Kraft heißen Christus.“ [119]

Fast genauso, nur minder emphatisch, hatte sich der Paulusforscher WILLIAM WREDE mit seiner Feststellung ausgedrückt: „In Wahrheit, Paulus ist eine Gestalt von weltgeschichtlicher Größe ... Dass er religiös wie geistig und moralisch eine außerordentliche Persönlichkeit war, hat ihn beflügelt, seine Lebensleistung zu vollbringen – ebenso sehr freilich auch, dass er nicht auf normalem Weg Christ wurde. Durch die „Offenbarung“ wurde er von den Fesseln der Tradition befreit, unter der die Mitglieder der Urgemeinde standen; sie setzte ihn in den Stand, einen neuen Anfang zu machen.“ [120]

Noch in den Ausbrüchen des hemmungslosen Hasses, der Paulus zu dämonisieren, zum Widersacher Jesu zu verfälschen und so in seiner Nachwirkung zu lähmen suchte, steckt ein unwillkürliches Eingeständnis seiner überragenden Größe. Denn nur von einem Großen des Geistes konnte NIETZSCHE sagen, dass er Jesus erst wirklich ans Kreuz geschlagen und den „Sinn und das Recht des ganzen Evan-

---

[119] H. SCHELL, Christus, Paderborn 1902, 14.

[120] W. WREDE, Paulus, in: K. RENGSTORF (Hg.), Das Paulusbild in der neueren deutschen Forschung, Darmstadt 1964, 97.

geliums" in sein Gegenteil verkehrt habe.[121] Doch wo bleibt das „stille Wort", das diesen wahrhaft weltbewegenden „Sturm" heraufbeschwor?
Die Antwort gibt Paulus im kürzesten und zweifellos persönlichsten seiner Briefe, in dem Schutz- und Geleitbrief für den entlaufenen Sklaven Onesimus, den er mit diesem Schreiben an seinen Herrn zurückschickt. Mitten in diesem Brief entblößt er unversehens sein Innerstes mit dem Wort: „Ich bitte dich für mein Kind Onesimus, den ich in Fesseln gezeugt habe ... Ich schicke ihn dir zurück oder vielmehr, mein eigenes Herz!" (1,10ff). Es ist, als wende sich hier die ungeheure Spannkraft und Aktivität des Apostels nach innen, so dass, ganz unvermutet, der Quellgrund sichtbar wird, aus dem sein Denken und Verhalten hervorgeht. Noch könnte man denken, dass es sich um eine besonders bewegende Metapher handle, doch Paulus spricht nirgendwo weniger metaphorisch als hier. „Herz", das ist für ihn der Schnittpunkt der Lebenslinien, der Ort des Bei-sich- und des Bei-einander-Seins, das Organ der Verausgabung, der Identität und Verbundenheit, der Konzentration und Offenheit, der Sammlung und Hingabe.
Deshalb kann er den Christen in Korinth und Philippi ohne jeden Anflug von Sentimentalität versichern: „Es ist ja nur recht, dass ich so von euch denke, da ich euch in meinem Herzen trage, euch verbunden im Leben und im Sterben" (Phil 1,7; 2 Kor 7,3).
In diesem Bekenntnis tritt dem Beobachter ein derart anderer, unbekannter Paulus entgegen, dass er unwillkürlich nach der Herkunft dieses Verhaltens und damit nach der Vorgeschichte des Apostels Ausschau hält. Dabei bestätigt sich das Recht dieser Rückfrage schon dadurch, dass Paulus

---

[121] F. NIETZSCHE, Der Antichrist, § 42.

nur zu bereitwillig darauf antwortet. Die ausdrückliche, auf die Verkündigung abgestimmte und deshalb „nach außen“ gerichtete Antwort, die er sogar wiederholt gibt (Gal 1,13ff; Phil 3,5ff), scheint freilich den eingeschlagenen Weg als Fehlgang zu erweisen, denn sie bekräftigt das gewohnte Bild des von blindem Hass gegen die Anhänger Jesu umgetriebenen Fanatikers, der in seinem aggressiven Gesetzeseifer die junge Kirche zu vernichten sucht. Nichts deutet hier auf eine innere Anbahnung der Lebenswende hin.

Ganz anders das „nach innen“ gewandte Selbstzeugnis des Apostels, das schon in den Äußerungen über sein Damaskuserlebnis (Gal 1,15ff; Phil 3,12) anklingt. Auskunft gibt darüber aber vor allem sein großer Hymnus auf die Liebe (1 Kor 13,1–13), den Paulus schon deswegen vor seiner Lebenswende verfasst haben muss, weil jeder Hinweis auf den für den „bekehrten“ Paulus zum Inbegriff der Liebe gewordenen Christus fehlt.[122] Zwar ist darin nicht ausdrücklich vom Herzen die Rede, wohl aber – und dies in auffällig desiderativen Wendungen – von dem, was das Herz erfüllt: von der alles glaubenden, alles erhoffenden, alles ertragenden Liebe (13,7) und von dem, was bleibt, wenn das Stückwerk vergangen ist. Das aber ist eindeutig die Sprache des Herzens.

Der visionäre Ursprung

Mit der Bemerkung, dass Paulus auf dem ungewöhnlichen Weg einer „Offenbarung“ zu seiner stupenden Lebensleistung gelangt sei, spielt Wrede auf die große Wendestunde im

---

[122] Dazu die Ausführungen meiner Schrift „Paulus: Zeuge, Mystiker, Vordenker“, München 1992 (Serie Piper 1477), 168–173.

Leben des Apostels an, auf seine Damaskusvision. Hier baut sich freilich für einen Großteil der Paulusforschung eine letzte Barriere gegenüber dem Kronzeugen einer „theologia cordis" auf. So warnt GÜNTHER BORNKAMM mit allem Nachdruck vor der „landläufigen" Ansicht, dass Paulus „aus jenem einmaligen Erlebnis von Damaskus den Inhalt seiner ganzen weiteren Verkündigung bestritten" habe.[123] Daraus aber spricht unverkennbar die Besorgnis, dass Paulus der christlichen Mystik zugeordnet, womöglich zu deren Initiator erklärt werden könne, wie dies schon lange zuvor bei JOSEPH BERNHART mit der Feststellung geschehen ist: „Mystischer Art war die große persönliche Erschütterung seines Lebens, Mystik enthält seine Messiastheologie, Mystik hat er mit seiner Lehre durch die Jahrhunderte fort erzeugt."[124]

Diese These bestätigte neuerdings CHRISTIAN DIETZFELBINGER durch den Nachweis, dass der Ursprung der paulinischen Theologie in der Berufung des Apostels zu suchen sei.[125] Dabei bezieht er sich auf wiederholte Äußerungen des Apostels, vornehmlich auf die im Stil des alttestamentlichen Prophetismus gehaltene Aussage, dass ihm, dem Verfolger, Gott in seiner Güte seinen Sohn geoffenbart habe (Gal 1,15ff). Zwar sagt Paulus nichts über die Art der Mitteilung und schon gar nichts über das Organ seiner Wahrnehmung. Doch sagt er ausdrücklich „in mir" (1,16), so dass sein Zeugnis auch mit der Wendung umschrieben werden kann, dass ihm Gott das Geheimnis seines Sohnes ins Herz gesprochen habe. Auf jeden Fall aber handelt es sich um ein inneres Ver-

---

[123] G. BORNKAMM, Paulus, Stuttgart 1977, 43; dazu die Hinweise auf Seite 186.

[124] J. BERNHART, Die philosophische Mystik des Mittelalters, München 1922, 28.

[125] CH. DIETZFELBINGER, Die Berufung des Paulus als Ursprung seiner Theologie, Neukirchen–Vluyn 1989.

nehmen, wobei aber nicht wie in der wiederholten Schilderung der Apostelgeschichte der von Paulus verfolgte Jesus, sondern Gott der Sprechende ist, der „Sohn" dagegen der Inhalt der göttlichen Mitteilung. Freilich ist Jesus für Paulus nie nur mitgeteiltes, sondern immer auch das sich seinerseits mitteilende, das im höchsten Sinne des Ausdrucks „beredte" Gotteswort.

Mit dem „in mir" verdeutlicht er zugleich, dass der „Ort" dieser göttlichen Selbstmitteilung seine Innerlichkeit, also sein Herz war. Wenn er die Vokabel an dieser Stelle auch nicht gebraucht, so dann dort in aller Form, wo er auf die Anwesenheit des Geistes (2 Kor 1,22; Gal 4,6), auf den vom Finger Gottes geschriebenen „inneren Brief" (2 Kor 3,2.15) und auf den Ursprung des Glaubensaktes (Röm 10,9) zu sprechen kommt. Das aber ist nur eine „Umschreibung" dessen, was sich im Grunde seines Herzens vollzog. Denn das Herz ist für Paulus, in seiner mystischen Tiefe gesehen, die Stelle, an der sich der Umschlag der Lebensgeschichte Jesu in sein wirkungsgeschichtliches Fortleben ereignet. Das fasste ALFRED WIKENHAUSER in den geradezu programmatischen Satz: „Der für mich am Kreuz Gestorbene führt nunmehr in mir als Auferweckter sein Leben." [126] Deshalb wagt der Apostel (nach Röm 15,18) auch nicht, etwas zu sagen, was nicht Christus in ihm bewirkt hat; und deshalb versteht er seine Botschaft, wie die neueste Paulusforschung deutlich machte, als Reflex des Zuspruchs, der in seiner Damaskusstunde an ihn erging.

Damit ist in keiner Weise bestritten, dass sich Paulus bei der Ausgestaltung seiner Botschaft auf die von ihm vorgefundenen Traditionen und Modellvorstellungen stützte. Ebenso bereitwillig muss man ihm aber abnehmen, dass er sein

[126] A. WIKENHAUSER, Die Christusmystik des Apostels Paulus, Freiburg 1956, 44.

Evangelium, wie er mit großer Betonung sagt, nicht aus menschlicher Überlieferung, sondern „durch die Offenbarung Jesu Christi" erhalten hat (Gal 1,11ff). Wer ihm darin aus antipietistischer Voreingenommenheit nicht folgt, setzt sich in Widerspruch zu seinem erklärten Selbstzeugnis und verfehlt damit die Mitte, aus der er lebt, denkt und handelt.
Doch wie kam die Damaskusvision zustande und worin bestand sie? Negativ geantwortet: Sicher nicht in dem, was die Schilderung der Apostelgeschichte, so aufschlussreich sie in Einzelzügen ist, aus ihr macht. Denn sie beschreibt die Erwählung des fanatischen Verfolgers zum großen Heidenmissionar, enthält aber Paulus gerade das vor, was für ihn das Entscheidende ist: die Berufung zum Apostel, die er der letzten Ostererscheinung verdankt: „Bin ich nicht frei; bin ich nicht Apostel; habe ich nicht unsern Herrn Jesus gesehen?" (1 Kor 9,1). „Zuletzt erschien er mir, gleichsam einer Fehlgeburt" (15,8).
Wenn man eine positive Antwort gewinnen will, muss man sich überdies, zumindest partiell, von dem Bild des blindwütenden Fanatikers freimachen; denn Gott legt seine Gnaden nicht in geballte, sondern in offene Hände. Zwar wirkte das Feindbild, das sich der fanatische Kämpfer für die väterlichen Überlieferungen von Jesus gemacht hatte, in der Damaskusvision noch nach, dies jedoch nach Art eines Schattens, der sein Gottesverhältnis durchkreuzte. Mehr als jedes ethische Versagen ist dieses Feinbild die „verborgene Finsternis", über die der Herr, ebenso wie über die „Ratschläge des Herzens" (nach 1 Kor 4,4f) richtet. Doch sein Gericht ist, wie der Römerbrief in seinem krönenden Hymnus versichert, reiner Huld- und Liebeserweis: „Wer wird denn verdammen? Christus Jesus doch nicht, der gestorben, mehr noch, der auferweckt worden ist und nun zur Rechten Gottes thront, um für uns einzutreten!" (Röm 8,34).

So besteht das von Jesus gesprochene Urteil darin, dass er, der Richter, sich in den Fürsprecher verwandelt. Doch damit lichtet sich das Feindbild zum Inbild, und der vermeintliche Feind wandelt sich in den lebenslang entbehrten Freund. Dem aber muss ein gewandeltes Verhältnis in Gott selbst entsprechen, das seinerseits nur darin bestehen kann, dass sich der „Fürsprecher“ vor Gott als derjenige enthüllt, in dem sich Gott ausspricht, der also das „Wort“ und als solches der „Sohn“ Gottes ist. Und genauso erfährt ihn Paulus, wenn er von seiner Damaskusvision versichert, dass ihm Gott in jener Stunde „seinen Sohn geoffenbart“ habe. Dass er den ihm Zugesprochenen den Gottessohn nennt, von dem er im Folgesatz sagt, dass er ihn „geliebt und sich für ihn hingegeben“ habe, dürfte sich – besser als aus Anleihen aus der antiochenischen Gemeindetheologie – aus dieser Umpolung des Feindes in den Freund und, innergöttlich gesehen, aus der Verwandlung des Fürsprechers in den Sprecher und „getreuen Zeugen“ (Apk 1,5) erklären.
Den thematischen Zusammenhang aber bestätigt Paulus dadurch, dass er ausdrücklich von dem „Verborgenen des Herzens“ spricht und damit das Herz als den „Ort“ der erfahrenen Verwandlung bezeichnet. Hier also, in seinem Herzen, lichtete sich das Feindbild in sein Gegenteil, hier erfuhr er den Richterspruch als Zuspruch, hier auch enthüllte sich ihm der Fürsprecher als der „Sohn“, in dem sich Gott aussprach und ihn, den Angesprochenen, in seine Pflicht nahm.
Paulus ist jeder Theologie dadurch bis heute entscheidend voraus, dass er noch unmittelbar um das Zugesprochensein ihres „Gegenstandes“ weiß. Keinem Denker der Christenheit war so wie ihm bewusst, dass der Gegenstand der theologischen Vernunft dieser im Modus des Zugesprochenseins gegeben ist. Deshalb liegt ihm jede Tendenz zur Systemati-

sierung fern. Auch begnügt er sich nicht damit, seine Botschaft nur auf den Menschen, auf seine Bedürftigkeit und Hinfälligkeit hin zu entwerfen. Statt dessen holt er ihn, um es mit einer modischen Floskel zu sagen, buchstäblich bei sich ab. Denn er ist davon überzeugt, dass er, ungeachtet der Neuheit seiner Verkündigung, nichts zu sagen hat, was den Adressaten nicht bereits durch den Geist des lebendigen Gottes ins Herz geschrieben wäre (2 Kor 3,3). In seiner Tätigkeit fühlt er sich nur als Sprecher dessen, der sich seit seiner großen Lebenswende in Kreuz und Auferstehung durch seinen Geist allen mitteilt, die sich ihm erschließen. Dabei fällt freilich den Botschaftern des Wortes eine entscheidende Aufgabe zu; denn nur durch ihre Verkündigung wird das Wort, das (nach Röm 10,8) allen bereits eingegeben und in Mund und Herz gelegt ist, in wirksamer Weise beredt. Mit ihrer Verkündigung rufen sie es aus seinem schlummernden Eingeschriebensein auf. Zwar kommt es letztlich von innen, doch so, dass es zugleich von außen her erweckt werden muss.

So entspricht es vollauf dem Weg, auf welchem Paulus zu seiner Sendung kam. Ihm wurde der ganze Inhalt seiner Botschaft ins Herz gesprochen. Dennoch stützte er sich bei ihrer Ausarbeitung auf den Glauben, wie er ihn in Jerusalem, Damaskus und insbesondere in Antiochia vorfand.[127] Darin spiegelte sich etwas noch Wesentlicheres, das für Paulus grundlegende Bedeutung hat und zeigt, wie er zu seiner Verkündigung kam. Denn im Zentrum seiner Botschaft steht das, was ursprünglich sein zentrales Feindbild war: das Kreuz. Doch im Falle Jesu behielt nicht der Tod, sondern das Leben das letzte Wort. So wurde das Rätsel seines Todes zum Inbegriff göttlicher und menschlicher Interpretation. Gott

---

[127] Dazu J. BECKER, Paulus. Der Apostel der Völker, Tübingen 1989, 17–131.

aber löste das Paradox des Kreuzes dadurch auf, dass er den zutiefst Erniedrigten zu sich erhöhte (Phil 2,9) und aus Tod und Grab zu neuem Leben erweckte. Damit trat das Kreuz ins Licht der Weisheit (1 Kor 2,6ff), sodass der zuvor nur „dem Fleische nach“ Erkannte auf neue spirituelle Weise denkbar wurde (2 Kor 5,16). Jetzt erstrahlte auf seinem Antlitz die Herrlichkeit Gottes (2 Kor 4,6); jetzt erschien er als der lebendige Inbegriff der Gottesoffenbarung (Gal 1,16); jetzt wurde er sichtbar als der Beweggrund und als das Ziel der Menschheitsgeschichte (Eph 1,10); jetzt lebte er auf in den Gliedern seines mystischen Leibes (1 Kor 12,12; Röm 12,4) und jetzt erwies er sich als das Prinzip eines ihm immer bewusster entgegenreifenden Glaubens (Eph 4,13).

Der kreative Glaube

Demgemäß entwickelt sich die paulinische Theologie im Stil einer Spirale, die vom christologischen Zentrum in seine Lehre von der Erlösung, der Kirche und der Eschatologie übergeht, doch so, dass damit nur unterschiedliche Perspektiven des zentralen Motivs eröffnet werden. Erlösung ist für Paulus nur die auf das Heil des Menschen bezogene Christologie, die Kirche der in den Seinen fortlebende und fortwirkende Christus und die Eschatologie die endzeitliche Vollendung dessen, was in und mit der Auferstehung Jesu begann. Das könnte man auch, um den thematischen Zusammenhang herauszustellen, im Blick auf das Schlusswort von HÖLDERLINS „Hyperion“ mit einem vom Herzen ausgehenden und darin einmündenden Kreislauf verdeutlichen.

Wenn das alles dem Herzen des Glaubenden eingeschrieben ist, so dass es daraus nur aufgerufen zu werden braucht, stellt sich spätestens hier die Frage nach der genaueren Bestimmung dieses inwendigen Briefs und der darauf eingravierten Schrift. In der Korrespondenz mit Korinth spricht Paulus davon in Erinnerung an die Gesetzestafeln des Mose metaphorisch: im Bild von den durch den Gottesgeist beschrifteten Herzenstafeln (2 Kor 3,2ff). Das bildet er im Römerbrief zu seiner Glaubenstheorie fort. Im Anschluss an seine Versicherung, dass das verkündete Wort dem Hörer bereits eingegeben und wie in seinem Mund so in seinem Herzen gegenwärtig sei (10,8), betont er: „Wenn du mit deinem Mund Jesus als den Herrn bekennst und in deinem Herzen glaubst, dass Gott ihn von den Toten auferweckt hat, erlangst du das Heil. Denn mit dem Herzen glaubt man zur Gerechtigkeit und mit dem Mund bekennt man zum Heil“ (10,9ff).

Es kennzeichnet den Satz, dass er die Bekenntnispflicht betont, noch bevor er zur Sache kommt. Das erklärt sich am besten aus dieser selbst. Denn im Nachsatz zieht Paulus, so erstaunlich dies klingt, mit seiner Damaskusvision gleich. Dem Glaubenden widerfährt dasselbe wie ihm, als ihm das Geheimnis des Gottessohnes ins Herz gesprochen und er dadurch zum Apostel bestimmt wurde. Das erfüllt das Herz des Glaubenden so sehr, dass sein Mund, wie ein Herrenwort sagt, überfließt. Lebendiger Glaube ist daran zu erkennen, dass er sich äußert und bezeugt. Der Sache nach aber ist der Christenglaube Auferstehungsglaube. Und dies, entgegen dem von dem Dass-Satz erweckten Anschein, nicht etwa im Sinn eines Rückbezugs auf das historische Ereignis, sondern so, dass dieses im Herzen des Glaubenden auflebt, dass Jesus somit aufs Neue in ihm aufersteht.

Schon diese vergleichsweise geringfügige Ausleuchtung zeigt, dass die Glaubenswelt unteilbar ist. Man kann in ihr höchstens theoretisch, nicht aber tatsächlich zwischen einer

Gegenstandshälfte und einer Subjekthälfte unterscheiden. Der Glaube bezieht sich nicht auf seinen Gegenstand; er *ist* vielmehr sein Inhalt. Nur so entspricht es der Vorstellung des Apostels, dass den Adressaten der „Text" seiner Botschaft bereits ins Herz geschrieben sei. Deshalb gerinnt ihm diese auch nicht zu einer ausgearbeiteten Lehre. Vielmehr hält sie die schwebende Mitte zwischen Darstellung und Aneignung, Gegenstand und Zustimmung. Das geht darauf zurück, dass für Paulus der Gegenstand des Glaubens im Modus des Zugesprochenseins gegeben ist. Er ist durchpulst von der Selbstübereignung, in welcher der Gottessohn begriffen ist. Nicht umsonst versichert der Apostel in dem wohl intimsten seiner Selbstzeugnisse: „Sofern ich noch im Fleisch lebe, lebe ich im Glauben an den Gottessohn, der mich geliebt und sich für mich hingegeben hat" (Gal 2,20). Umgekehrt ist der Glaubende mit seinen Sehnsüchten und Hoffnungen, aber auch mit seinen Anfechtungen und Leiden in der paulinischen Botschaft präsent. Sie ist ihm buchstäblich „auf den Leib geschrieben". Er ist von ihrem Ansatz her in sie verwoben und einbezogen. Vernehmlicher als sonst spricht dieser Ansatz aus dem Aufschrei, in dem Paulus, stellvertretend für seinen Adressaten, dessen Selbstzerwürfnis mit der Frage bekundet: „Ich unglücklicher Mensch, wer wird mich von diesem todverfallenen Leib befreien?" (Röm 7,24).

Deutlicher als jede theoretische Versicherung gibt diese Stelle zu verstehen, dass für Paulus die Sache des Menschen im Grunde nur exklamatorisch, also in der Sprache von Schreien und Notrufen, zum Ausdruck gebracht werden kann. [128] Wie sehr der Apostel hier stellvertretend und doch

[128] Dazu W. SCHMITHALS, Die theologische Anthropologie des Paulus, 73–81; ferner die Hinweise meines in Anm. 122 erwähnten Paulusbuchs, 242ff.

ganz persönlich spricht, bestätigt das Wort, mit dem er seine Frage an anderer Stelle selbst beantwortet: „Wir hatten uns schon das Todesurteil gesprochen, so dass wir von uns selbst nichts mehr erhoffen konnten, sondern nur noch von Gott, der die Toten auferweckt" (2 Kor 1,9).

Drastisch untermalt wird dieses Wort von Paulus durch den Hinweis auf den „Tierkampf", den er in Ephesus zu bestehen hatte (1 Kor 15,32).[129] Voll entfaltet wird das, was es besagt, jedoch erst in der Stelle, die sich wie das Fragment einer Autobiographie des Apostels ausnimmt: „Niemand geben wir Anstoß, damit unser Dienst nicht in Verruf gerate. Vielmehr erweisen wir uns in allem als Diener Gottes in ständiger Geduld, in Drangsalen, in Nöten und Ängsten, unter Schlägen, in Kerkerhaft, bei Aufständen, unter Mühen und Nachtwachen, durch Fasten und Lauterkeit, Verständnis, Langmut und Güte, im heiligen Geist, in aufrichtiger Liebe, im Wort der Wahrheit, in der Kraft Gottes, mit den Waffen der Gerechtigkeit zur Rechten und Linken, bei Ruhm und Schmach, Verleumdung und Lob, als angebliche Betrüger und doch wahrhaftig, als Unbekannte und doch wohlbekannt, als Sterbende und doch überlebend, als Geschlagene und doch nicht umgebracht, als Betrübte und doch stets fröhlich, als Bettler und doch viele beschenkend, als Habenichtse, die doch alles besitzen" (2 Kor 6,3–10).

Im Vertrauen auf den Gott, der „die Toten auferweckt", sind diese Sätze gesprochen, in denen überdies der vom Damaskuserlebnis des Apostels nachwirkende Impuls fühlbar ist. Es ist das Zeugnis eines Ergriffenen, eines von der Lebensmacht des Auferstandenen Überwältigten, der in der Auferstehung des Gekreuzigten den Schlüssel zu seinem eigenen, zwischen Niederlagen und Ermächtigungen eingespannten

---

[129] K. H. SCHELKLE, Paulus, Darmstadt 1988, 67f.

Dasein gefunden hat. Und es ist zugleich der Grundriss seiner gesamten Theologie, die dieser mystischen Erfahrung entspringt und sie inhaltlich und dimensional entfaltet. An dieser Stelle wird deutlich: Die Theologie des Apostels ist, wie es GOETHE von seinem Werk sagte, eine „große Konfession", verbunden mit dem Willen, die eigene Rettung auf andere auszudehnen und das darin erfahrene Glück an sie weiterzugeben.

Damit ist zweifelsfrei erwiesen, dass die paulinische Theologie tatsächlich eine „theologia cordis" ist, deren Grundsatz kaum schöner als mit dem Satz bestimmt werden kann, mit dem BEETHOVEN das „Kyrie" seiner Missa solemnis überschrieb: „Von Herzen – möge es wieder – zu Herzen gehen!" [130] Nicht zuletzt spricht es für das theologische Gewicht dieses Satzes, dass Beethoven sich dabei vermutlich an eine Wendung anschloss, die er in der „Einleitung für nachdenkende Christen" vorfand, die der von ihm hochgeschätzte JOHANN MICHAEL SAILER seiner Ausgabe der „Nachfolge Christi" voranstellte. [131]

Wenn sich im Glaubensakt das einem jeden zueignet, was Paulus in seiner Damaskusvision widerfuhr und wenn dem Glaubenden dadurch der Grundtext der Botschaft ins Herz geschrieben ist, so dass sie diesem „inneren Brief" nur noch entnommen zu werden braucht, hat der Glaube tiefere Dimensionen als die gemeinhin angenommenen. Was es damit auf sich hat, sagt Paulus im Anschluss an seine Aussage über den inneren Brief, der ihn zunächst an die auf Stein geschriebenen Gesetzestafeln des Mose und dann an die Hülle erinnert, mit der dieser den Glanz auf seinem

---

130 Nach J. und B. MASSIN, Beethoven. Materialbiographie. Daten zum Werk und Essay, München 1970, 543.

131 Näheres dazu in meiner Untersuchung „Religiöse Sprachbarrieren. Aufbau einer Logaporetik", München 1980, 277f.

Gesicht vor seiner Umgebung verbergen musste. Ganz anders steht es um diejenigen, die im Glauben die befreiende Geistmacht Christi an sich erfuhren; denn für sie gilt: „Der Herr ist der Geist, und wo der Geist des Herrn waltet, da ist die Freiheit" (2 Kor 3,17).
Sie, die von dieser pneumatischen Selbstvergegenwärtigung Christi Ergriffenen, schauen, wie es im Fortgang der Stelle heißt, mit enthülltem Antlitz die Herrlichkeit des Herrn und werden so „von Klarheit zu Klarheit" in das erschaute Bild hineinverwandelt (3,18). Im Glauben ereignet sich somit eine Anverwandlung des Glaubenden an den Geglaubten. Dadurch tritt dieser aus seiner Entrückung hervor, um im Herzen des Glaubenden zu neuer Präsenz zu gelangen. Darauf gestützt, nimmt die Paulusschule das Motiv der Einwohnung auf, wenn sie im Epheserbrief erklärt: „Gott möge euch nach dem Reichtum seiner Herrlichkeit verleihen, dass ihr im inneren Menschen gestärkt werdet und dass Christus durch den Glauben in euren Herzen wohne" (3,17). Von hier führt eine Brücke zu der Zusicherung des johanneischen Jesus: „Wenn einer mich liebt, wird er mein Wort halten, und mein Vater wird ihn lieben, und wir werden kommen und Wohnung bei ihm nehmen" (Joh 14,23).
Wenn das im Kontext der Selbstvergegenwärtigung Jesu, angefangen von der großen Einladung der Bedrückten und Bedrängten (Mt 11,28) bis hin zur johanneischen Szene von der Durchbohrung der Seite Jesu (Joh 19,33ff), gesehen wird, öffnet sich eine noch tiefere Dimension des Glaubens. Glaube ist dann nicht nur die gehorsame Zustimmung zur Selbstmitteilung Gottes in seinem Sohn, also ein Akt religiöser Rezeptivität, sondern eine zuinnerst kreative Replik auf die göttliche Entgegenkunft, die auf die Selbstfindung des sich Weggebenden im Aufnehmenden, also im Glaubenden, zurückgeht.

Sein Herz ist dann nicht nur „Wohnort“ Christi, sondern zugleich die Stätte seiner Identifikation, des Erwachens zu seiner Geistesgegenwart. Das aber ist nur die Kehrseite des Bekenntnisses, mit dem Paulus den Grundstein zu aller Christusmystik legt: „Ich lebe, doch nicht mehr ich: Christus lebt in mir“ (Gal 2,20).

Der Zuspruch des Geistes

Für Paulus besteht nicht nur der angesprochene Zusammenhang zwischen Botschaft und Glaube, wie er ihn mit seinem Theorem vom „inneren Brief“ entwickelt; vielmehr steht für ihn aus gleichem Grund der Glaube auch in einem nicht weniger engen Zusammenhang mit dem Gebet. Denn erst im Hinblick darauf klärt sich, was es heißt, dass dem Glaubenden die Botschaft „ins Herz geschrieben“ ist.
Wenn das der Fall ist, muss sich der Glaubende das, was ihm eingeschrieben ist, zunächst einmal selbst „gesagt sein lassen“. Und das heißt: er muss lernen, das, was ihm zugesprochen ist, nach- und mitzusprechen. In diesen Vorgang führt die Stelle aus dem Römerbrief ein, die von Johann Sebastian Bach im Bewusstsein ihres überragenden Stellenwertes in seiner Motette „Der Geist hilft unserer Schwachheit auf“ vertont wurde. [132]
In seiner Aussage setzt Paulus bei der Ratlosigkeit des Beters an, der ständig Gefahr läuft, den Anlass mit dem eigentlichen Ziel seines Betens zu verwechseln. Denn Gebet ist, wie Martin Buber verdeutlicht, seiner zentralen Absicht nach „die Bitte um Kundgabe der göttlichen Gegenwart, um das

[132] Dazu G. Theissen, Psychologische Aspekte paulinischer Theologie, Göttingen 1983, 121–161.

dialogische Spürbarwerden dieser Gegenwart."[133] Dieser Unschlüssigkeit setzt die Intervention des Gottesgeistes ein Ende: „Da tritt der Geist selbst für uns ein mit unaussprechlichem Seufzen. Und der, der die Herzen erforscht, kennt das Ansinnen des Geistes, der für die Heiligen vor Gott eintritt" (Röm 8,26).

Gebet ist dieser Stelle zufolge nicht nur ein Verhältnis des Menschen zu Gott, bei dem es wesentlich um die Vergewisserung des Daseins Gottes geht, sondern, tiefer besehen, ein Verhältnis Gottes zu Gott. Denn die Stelle setzt eine symbolische Selbstentzweiung Gottes voraus. Zwar bleibt Gott der Adressat des Gebets: doch nimmt er sich in Gestalt seines Geistes zugleich des Beters an, um diesem aufzuhelfen und die Sache seines Betens zum Ziel zu führen. So wird das Herz des Beters zum Ort der Selbstverständigung Gottes, der als der Adressat des Gebets im Stammeln des Beters das zu ihm dringende Seufzen des Geistes vernimmt. Doch bleibt es nicht bei dessen stellvertretender Fürsprache. Vielmehr wirkt diese auf den Beter zurück, so dass dieser in einem einzigartigen Kompetenzgewinn dazu gelangt, die Abba-Anrufung Jesu nach- und mitzusprechen. Das sagt der Apostel im selben Kontext mit dem großen Wort (Röm 8,15), das ebenso Absage wie Ermächtigung bedeutet: Absage an jede religiöse Unterwürfigkeit und Heteronomie; und Ermächtigung, die Gottesanrufung Jesu, sein ehrfürchtig-zärtliches „Abba – Vater" nach- und mitzusprechen.

Um die Bedeutung dieses Wortes auszuschöpfen, muss man sich nur vergegenwärtigen, dass in der Abba-Anrufung Gottes die zentrale Lebensleistung Jesu und mit ihr das Prinzip der gesamten Heilsbotschaft beschlossen ist. Deshalb ist sie

---

[133] Dazu der Abschnitt „Bach als Wiederentdecker der paulinischen Heilsbotschaft", in meinem Sammelband „Glaubensimpulse", Würzburg 1988, 324–336.; ferner G. THEISSEN, A. a. O., 177ff.

inhaltsgleich mit dem in das Herz des Glaubenden eingeschriebenen Brief. Im Gebet wird ihm dieser Inhalt bewusst, das aber so, dass er in seinen Wortlaut einstimmt und mit Jesus zusammen „Abba – Vater!" ruft. Daher gilt von der Anrufung des Beters dasselbe, was Jesus mit seinem Wagnis bewirkte, den ewig verborgenen und verschwiegenen Gott mit dem Ausdruck vorbehaltlos kindlichen Vertrauens anzurufen. Mit dieser Anrufung durchbrach er, wie hier nochmals betont sei, die Mauer der Unnahbarkeit und Verborgenheit Gottes; mit ihr überbrückte er den Abgrund der Gottesferne, mit ihr schaffte er Zugang zum Herzen Gottes. Aus diesem Grund ist in diesem Wort die ganze Botschaft mitgesagt. Indem der Glaubende in die Anrufung Jesu einstimmt, lässt er sich die Gottesoffenbarung von ihrer Mitte her gesagt sein.

Gründe über Gründe, die Paulus als den Initiator und beispielhaften Repräsentanten einer „theologia cordis" erweisen. Das aber kann nicht ohne Konsequenzen für den Umgang mit ihm bleiben. Denn Paulus befremdet. Wer sich nicht an den Ratschlag GUARDINIS hält und mit Paulus die Lektüre der neutestamentlichen Schriften beginnt, sondern der gegebenen Textfolge gemäß von den Evangelien und der Apostelgeschichte her auf das Kompendium seiner Briefe stößt, hat das Gefühl, sich nach Durchschreitung einer lichten und überschaubaren Landschaft in einem Wald voller Gestrüpp zu verlieren, auch wenn ihn bei tieferem Eindringen unerwartete Lichtungen überraschen. Und das Befremden steigert sich für viele noch, wenn sie den Apostel mit einer unvermuteten Vehemenz auf seine Gemeinden einreden hören, meist im Ton der Überlegenheit und hochgespannter Erregung, der sich nur vergleichsweise selten zu Worten der Anerkennung, des Trostes und der Fürsorge mildert. Nicht zuletzt befremdet sie die Position der Selbstver-

teidigung, aus welcher Paulus auf weite Strecken spricht. Denn das ist eine Diktion, die ihnen in den vorangehenden Schriften nur ausnahmsweise begegnet.
Deshalb ist an der Entdeckung des anderen, aus dem Herzen denkenden und redenden Paulus entscheidend gelegen. Jetzt zeigt sich nämlich, dass das, was befremdet, dem „exoterischen", an seine Gegner und Bestreiter gewandten Paulus zuzurechnen ist. Es kommt aber darauf an, zu dem „esoterischen", um nicht zu sagen, zu dem Mystiker Paulus vorzudringen.[134]
Nur muss dieser Begriff von der landläufigen Vorstellung ferngehalten werden, als handle es sich dabei um die Einnahme eines ichbezogenen und von der Umwelt abgehobenen Standpunktes. So sehr damit ein späteres Mystikverständnis getroffen sein mag, entspricht es doch keineswegs der paulinischen Konzeption. Die Glaubensmystik des Apostels ist vielmehr, wie schon eingangs verdeutlicht wurde, zur Gemeinschaft der Glaubenden, ja sogar zur gesamten Lebenswelt hin geöffnet, mehr noch: sie begreift sie in sich ein. Denn mit Christus gewinnt sie den zum Lebensinhalt, der seine Identität in Akten der Selbstübereignung und Selbstentäußerung findet. Durch Christus ist diese Mystik an alle verwiesen, die sich ihm in Glaube und Liebe zuwenden. Und über diese hinaus nicht weniger auch an die, die dafür erst noch gewonnen werden müssen (Röm 10,14–20).
Deshalb kann Paulus nicht schwerer verkannt werden, als durch die Meinung, er führe weg vom sozialen Engagement. Für ihn ist vielmehr ein Glaube tot, der sich nicht im Wort des Bekenntnisses mitteilt und in Akten der Liebe betätigt.

---

134 M. Buber, Gottesfinsternis, Betrachtungen zur Beziehung von Religion und Philosophie, Zürich 1953, 149.

Das ist freilich weniger die Folge des Großmuts und der Hilfsbereitschaft der Glaubenden, als vielmehr die Wirkung des Gottesgeistes in ihnen, denn: „Die Liebe Gottes ist ausgegossen in unsere Herzen durch den heiligen Geist, der uns gegeben ist“ (Röm 5,5).
Ein letztes Mal fällt hier das Stichwort „Herz“. Damit klärt sich vollends, dass alle Akte für Paulus im Herzen ihren Anfang nehmen, weil das Herz für ihn das Organ der Entgegenkunft Christi und der Entgegennahme seiner Gaben ist. So aber hat sich aufs Neue und definitiv bestätigt, dass Paulus der große Theologe des Herzens ist.

Der inwendige Lehrer

Der spirituelle Lehr- und Lebemeister

Kurz nach dem Ersten Weltkrieg prägte ROMANO GUARDINI in seiner Vortragsreihe über den „Sinn der Kirche" (1922) ein Wort, das insbesondere der an ihrer politischen und religiösen Heimat irre gewordenen Jugend eine Hoffnungsperspektive erschloss: „Ein religiöser Vorgang von unabsehbarer Tragweite hat eingesetzt: die Kirche erwacht in den Seelen." Heute, unter dem Eindruck des freiheitlichen Aufbruchs, der Europa erstmals eine völkerübergreifende Einheit verspricht und dadurch die Ursachen des wiederholten Völkermordens beseitigt, kann ein ähnliches Wort gewagt werden, das bei allem Gleichklang doch weit über den Guardini-Satz hinausgeht; es lautet: „Ein religiöser Vorgang von noch ungeahnter Tragweite ist in Gang gekommen: Christus erwacht im Herzen der Seinen."

Der Entstehungsprozess

Wenn man sich erst einmal vom Schock dieser Aussage erholt hat und sie zu verstehen sucht, wird man sich an den Prozess erinnern müssen, dem das Christentum seine bisherige Gestalt und Selbstdarstellung verdankt. Er wurde von Theologen wie dem angesehenen Neutestamentler ANTON VÖGTLE, die sich mit dieser Frage befassten, mit Sätzen wie diesen umschrieben: „Der Botschafter des Gottesreiches wurde zur Botschaft, der Stifter und Wegbereiter des Glaubens wurde zu dessen Gegenstand, und der Lehrer des Evangeliums wurde zum Inbegriff der Lehre."

Dass es zu dieser Umgestaltung kam, war zweifellos die Folge der Auferstehung Jesu. So tief er in seiner Passion erniedrigt worden war, so hoch war er jetzt über alle und alles erhoben. Auch über das, was man noch von ihm in Erinnerung behalten hatte und wusste. Als der von Gott so einzigartig Beglaubigte war er nicht mehr nur der wortgewaltige Botschafter Gottes, sondern dessen letztes und unüberbietbares Wort an die Welt; nicht mehr nur der Künder des Gottesreiches, sondern, wie ORIGENES, der größte Denker der Alten Kirche, sagte, das Gottesreich in Person; nicht mehr nur der, der die Suchenden auf den Weg des Glaubens führte, sondern selbst dieser Weg und die auf ihm gefundene Wahrheit, und nicht mehr nur der Lehrer einer „neuen Gerechtigkeit", sondern selbst das „Gesetz" und die „Lehre".
Damit war eine umfassende Klärung erzielt. Jetzt gewann die Botschaft jene kristallene Gestalt, die sich um ihn als Kristallisationskern aufbaute. Jetzt richtete sich der Blick des Glaubens auf ihn, den einzigen Mittler und Herrn, und jetzt ließ sich seine Lehre in Sätze fassen, die Auskunft zu allen Lebensfragen gaben. Schwerlich kann die Bedeutung dieses Prozesses überschätzt werden. Denn ihm verdankt das Christentum seine Kontur, seine Kontinuität und sein Überleben im Wogengang der Geschichte.

Die Gegenbewegung

Und doch durfte es dabei im Interesse seines Lebens nicht bleiben! Denn die Verwandlung barg die Gefahr der Erstarrung, am Ende sogar der Ideologisierung in sich. Schlimmer aber kann der Christenglaube nicht verwechselt werden als mit einem System festgeschriebener, womöglich mit einem Interpretationsverbot belegter Sätze, also mit einer Ideologie, weil sich in dieser Form nur totalitäre Mächte darstellen. So musste dem Prozess der lehrhaften Ausgestaltung eine Gegenbewegung antworten, und das schon in der ersten Stunde der christlichen Geschichte, also in neutestamentlicher Zeit. Tatsächlich scheint sich Jesus selbst zu meinen, wenn er im Johannesevangelium den „an Händen und Füßen gebundenen" Freund mit dem Befehl „Komm heraus!" (Joh 11,43) aus seinem Grab herausruft. Was hier bloße Vermutung ist, wird zu Beginn des großen Johannesbriefs, der vielfach als ein Begleit- und Begründungsschreiben zum Evangelium gilt, zur Gewissheit. Dort erklärt die hinter dem Verfasser stehende Gruppe nicht näher bestimmter Autoritäten, dass sie, wie schon wiederholt hervorgehoben wurde, das uranfängliche Wort erneut vernahmen, zu Gesicht bekamen, ja sogar mit ihren Händen ergreifen durften (1 Joh 1,1ff). Befriedigend erklärt sich dieses vielfach umrätselte Eingangswort nur unter der Voraussetzung, dass seine Sprecher mit ihm den Anbruch einer Glaubenswende bezeugen wollten, wenn für sie also die Botschaft wieder beredt wurde, wenn der zum Gegenstand des Glaubens Erhobene für sie vom Podest seines Herrentums herabstieg und wenn der zum Inbegriff der Lehre Gewordene aufs Neue zu lehren begann.

Tatsächlich versichert der johanneische Jesus den Seinen, dass er ihnen noch viel zu sagen hätte, dass er dies aber dem Helfer überlassen müsse, der sie an alles erinnern und in die volle Wahrheit einführen werde. In den Ich-bin-Worten, in denen die Schlüsselszenen des vierten Evangeliums gipfelten, schenkt sich ihnen Jesus als das Brot des Lebens, leuchtet er ihnen auf als das Licht der Welt, nimmt er sie mit auf seinen Weg zum Vater. Und das Nikodemus-Gespräch, eine der großen Lehrszenen des Evangeliums, geht bruchlos in eine Belehrung des Lesers über.

Die Aktualität

Doch was hat das uns an der zweiten Jahrtausendwende der Christentumsgeschichte zu sagen? Mehr als man vermuten möchte, sofern man nur aufhört, wie gebannt auf die Glaubens- und Kirchenkrise zu starren und statt dessen das in den Blick nimmt, was dem Irritierenden und Bedrückenden entgegensteht: die tiefgreifende Wende, in welcher der Christenglaube seit längerem begriffen ist, und das Ereignis, um das diese Wende kreist, die Neuentdeckung Jesu im Glauben und Unglauben der Zeit. Sogar im Unglauben; denn zu den herausragenden Werken, die zu der Neuentdeckung beitrugen, gehört auch das Jesus-Buch „für Atheisten" des atheistischen Sozialphilosophen Milan Machovec und die als Anfrage an Jesus gemeinte „Matthäuspassion" des Agnostikers Hans Blumenberg.
Entdeckt wurde Jesus in den während der Studentenrevolte erschienenen Jesusbüchern als der „Gott der Menschen", der sich sogar „in schlechte Gesellschaft" begab, als der „Befreier", als unser „Bruder", als „Helfer", „Freund" und in alledem als das Subjekt der „Geschichte von einem Lebenden", dessen Leben „im Präsens" erzählt werden muss. Dem aber muss unverzüglich hinzugefügt werden, dass er alsbald aus diesen Perspektiven hervortrat, dass er auch diese Bilder durchbrach und auf neue Weise initiativ wurde: hörbar in dem nun freilich von neuem Kriegslärm übertönten Freiheitsruf der jungen Menschen, die sich zu Beginn des großen Aufbruchs, oft unter Lebensgefahr, einen Weg in den freien Westen bahnten, sichtbar in der sanften Revolution von 1989, die sich wie ein geschichtlicher Schattenwurf seiner eigenen revolutionären Lebensleistung ausnimmt und fühlbar in der mächtig anschwellenden Erwartung, die auf eine Neuinterpretation des Glaubens drängt. So sprechen gewichtige

Anzeichen dafür, dass in der Botschaft wieder die Stimme des Künders hörbar wird, dass der zum Glaubensobjekt Erhobene wieder zum Glauben bewegt, dass der zum Inbegriff der Lehre Gewordene aufs Neue zu lehren beginnt. Doch so wenig wie in der menschlichen Lebensgeschichte gibt es in der Heilsgeschichte eine Wiederholung des Gewesenen. Nur Phantasten, an denen es freilich noch zu keiner Zeit fehlte, können mit dem Anspruch auftreten, zu Trägern von „Neuoffenbarungen" geworden zu sein. Was Jesus „noch zu sagen hätte", aber dem Helfer zu sagen überlässt, erfolgt nicht in Form seines irdischen Redens und Wirkens. Wie aber dann?

Die Entdeckung

Darauf antwortet die Geschichte von der Wiederentdeckung dessen, was das Eingangswort des Ersten Johannesbriefs zum Ausdruck brachte. Sie steht im Zusammenhang mit der meist als „Bekehrung" bezeichneten Lebenswende AUGUSTINS, der unter dem Eindruck eines Pauluswortes plötzlich mit seinem „Vorleben" brach, auch mit seinem Beruf als Rhetor, und der sich darüber in seiner Schrift „Über den Lehrer" Rechenschaft gab. Zu den schönsten Zügen dieser sich ständig verdichtenden Schrift gehört es, dass Augustin das Schlusswort seinem früh verstorbenen Sohn, einem Jüngling von schreckenerregender Intelligenz, überlässt, der sich mit folgenden Sätzen selbst ein bewegendes Epitaph schuf: „Ich habe durch deine Worte begreifen gelernt ..., dass die Sprache nur einen kleinen Teil von dem zu enthüllen vermag, was ein Sprechender sich denkt. Klar geworden ist mir insbesondere, dass immer dann, wenn ein Lehrer etwas Wahres sagt, allein derjenige uns belehrt, der uns durch die äußeren

Worte über sein Wohnen in unserem Inneren informiert. Er ist es, den ich mit Gottes Hilfe lieben will, und dies mit umso heißerer Glut, je mehr ich in der Lehre fortschreite."
Wenn zwischen Gesprächspartnern das „Wunder des Verstehens" zustandekommt, dann also nicht wegen der Kompetenz des Redenden oder der Sensibilität des Vernehmenden, sondern dank der Intervention des „inwendigen Lehrers", zu dessen Wirklichkeit sich Augustin in dieser Schrift bekennt. Das gilt erst recht im religiösen Bereich und insbesondere für die Frage nach der Stimme, mit der der zur Lehre Gewordene aufs Neue redet. Es ist die Stimme des inwendigen Lehrers. Doch was hat sie konkret zu sagen?

Die Belehrung

Wie schon der Name andeutet, erstreckt sich diese „Lehre" in erster Linie auf das Verständnis der Botschaft, insbesondere auf die Erschließung des Schriftwortes. Denn mit dem Schlüssel der historischen Kritik ist es nicht getan. Sie ist, so viel ihr an Einsichten in die Entstehung, die Struktur und die Aussagen der biblischen Texte zu verdanken ist, paulinisch ausgedrückt, doch nur die Methode des „toten Buchstabens", die als solche geradezu nach alternativen Lesarten schreit. Um diese ausfindig zu machen, braucht man sich nur das Eingangswort des Johanneischen Briefs in Erinnerung zu rufen, wo vom Hören, Sehen und Erfassen die Rede war. Demgemäß lassen sich drei Lesarten ausmachen: eine *akustische,* die in die Texte hineinzuhören sucht, eine *optische,* die sie zu durchschauen sucht und eine *haptische,* die sich von ihrer Aussage ergreifen lassen möchte.
Eine akustische Lesart zunächst. Davon sprach vor allem der überaus sensible Bibelleser Sören Kierkegaard, der in seiner

tiefempfundenen „Einübung im Christentum“ (1850) davon ausgeht, dass das ganze Evangelium ein „Leidenston“ durchdringe und dass dieser gerade auch aus den freudigsten Jesusworten herausgehört werden müsse, sogar aus der Seligpreisung, mit der Jesus das Messiasbekenntnis des Petrus beantwortet: „Selig bist du Simon, Sohn des Jonas; denn nicht Fleisch und Blut haben dir das geoffenbart, sondern mein Vater, der im Himmel ist“ (Mt 16,17).
Nach genau einem Jahrhundert stimmte ihm darin der jüdische Religionsphilosoph Martin Buber zu, indem er nachwies, dass es sich bei dieser Szene keineswegs um ein Lehrgespräch, sondern um die von Jesus aus tiefer Herzensnot an die Jünger gerichtete Frage nach seiner Identität handelte, die Petrus mit dem Wort „du bist Christus, der Sohn des lebendigen Gottes“ beantwortet. Von daher ist der aus den Texten aufsteigende Leidenston in erster Linie ein Anruf an den Leser, auf die ihm gestellte Frage ebenso wie Petrus einzugehen. Doch ist er nicht weniger auch Zusage, die wohl von keinem deutlicher als von Pascal vernommen wurde, wenn er in seiner Meditation über „Das Mysterium Jesu“ diesen sagen hört: „Tröste dich, du würdest mich nicht suchen, wenn du mich nicht gefunden hättest. An dich dachte ich in meiner Agonie. Jene Blutstropfen habe ich für dich vergossen.“
Dass mit diesem Hören auch eine Schau einhergeht, macht die Verklärungsszene der synoptischen Evangelien deutlich, vor allem die Matthäusversion, die von Jesus berichtet: „Da wurde er vor ihren Augen verwandelt, sein Angesicht strahlte wie die Sonne, und seine Gewänder leuchteten wie das Licht“ (Mt 17,2). Das kommt, hermeneutisch gesprochen, der Aufforderung gleich, hinter dem Gitterwerk der Texte das verklärte Antlitz dessen zu entdecken, in dem sich das Gottesgeheimnis spiegelt. Und diese Aufforderung

kommt der anderen gleich, das Evangelium nicht wie ein Lehrbuch, sondern als wirkliche Botschaft, und das besagt: auf seine Mitte hin zu lesen. Dorthin also, wo in ihm die zentrale Lebensleistung Jesu fühlbar wird.
Im Sinne der damit angesprochenen dritten Lesart, der haptischen, will das Evangelium aber auch ertastet und gefühlt werden. Bei der Suche danach wird man vor allem im Johannesevangelium fündig. Denn dort, wo in der Mitte der synoptischen Evangelien das verklärte Antlitz Jesu aufscheint, wird hier sein Machtwort hörbar, das den Leser förmlich in die Schau seiner Herrlichkeit hineinreißt. So ergibt es sich vollends, wenn man sich aufgrund eindeutiger Indizien zu einer veränderten Textanordnung bereitfindet und das Abschiedsgebet Jesu, das in diesem Machtwort gipfelt, zur Mitte des Evangeliums hin verlegt. Auf der Höhe dieses Abschiedsgebets geschieht das Unerwartete, dass Jesus nicht mehr bittet, sondern fordert. In aller Form wirft er hier das Knechtsgewand seiner Niedrigkeit ab, um aus der Position des ranggleichen Sohnes die ihm zukommende Herrlichkeit für die Seinen zu beanspruchen: „Vater, ich will, dass die, die du mir gegeben hast, dort bei mir seien, wo ich bin, damit sie die Herrlichkeit schauen, die du mir gegeben hast, denn du hast mich geliebt vor Grundlegung der Welt“ (Joh 17,24).
Überall im Evangelium will nun die Erschütterung gefühlt werden, die von diesem Machtwort ausgeht, bildlich gesprochen, die Hand, die den Leser zur Teilnahme am Glück des Sohnes erhebt.

Die Erhebung

Doch der inwendige Lehrer ist nicht nur „Lesemeister“, sondern, wie die Mystiker sich ausdrückten, nicht weniger auch

„Lebemeister“, und das besagt: Lebenshilfe und dies vor allem in der Not des Gebets. Denn Paulus versichert auf einem Höhepunkt seines Römerbriefs, dass sich der Gottesgeist als hilfreicher „Fürsprecher“ der Sprachnot des Beters annimmt, der weder weiß, um was noch wie er in angemessener Weise beten soll (Röm 8,26), der durch den Zuspruch des Geistes jedoch Erhörung findet.
Dass wir in unseren Anliegen und Nöten Gott anrufen, ist für Paulus somit nur der Anlass, nicht aber der Inhalt des Gebets. Denn im Gebet geht es seinem Wort zufolge um Gott, der sich in seinem Geist – dem inwendigen Lehrer – zum Beter herablässt, um sich in diesem wiederzufinden; denn dort vernimmt er das Seufzen des Geistes, das er kennt, versteht und erhört. So kompliziert sich das ausnimmt, führt es doch zu einem ebenso einfachen wie unerhörten Begriff des Gebets. Denn dieses ist nach dem Gesagten nicht so sehr ein Verhältnis des Menschen zu Gott als vielmehr Gottes zu Gott – im Herzen des Beters; oder einfacher noch: Teilnahme an der ewigen Selbstverständigung Gottes. Doch Paulus überbietet selbst diese Aussage noch mit dem schon wiederholt aufgenommenen Wort, mit dem er uns die ebenso intime wie revolutionäre Gottesanrede Jesu, sein „Abba – Vater“ auf die Lippen legt (Röm 8,15).
Im Herzen des Beters wiederholt sich somit immerfort – und immer wieder – das revolutionäre Wagnis Jesu, den von der Menschheit ebenso gefürchteten wie geliebten Gott mit dem Zärtlichkeitsnamen „Abba“ anzurufen und damit die große Wende in der Geschichte des Gottesgedankens herbeizuführen. Denn damit beseitigte er den Schatten des Schrecklichen aus dem traditionellen Gottesbild, um stattdessen das Antlitz des liebenden – vorbehalt- und bedingungslos liebenden – Vaters aufscheinen zu lassen. Beten aber heißt nun: mit jedem „Vater unser“ auf dieses Wagnis einzugehen, sich von

ihm ergreifen und sich mit dem neuen Gott Jesu Christi beschenken zu lassen.

Die Heilung

Der Ausdruck „Lebemeister“ erinnert aber mehr noch an die Lebenshilfe, die der heutige Mensch in seiner Existenznot und seiner Lebensangst erwartet. Denn er ist in jenem Sinne krank, den KIERKEGAARD mit dem Wort von der „Krankheit zum Tode“ meinte: krank durch seine gerade in diesem Jahrhundert unablässig erfahrene Todesverfallenheit, die seinen Daseinswillen untergräbt, die ihn mit sich selbst entzweit und der Lebensangst verfallen lässt. Wenn der inwendige Lebemeister darin Abhilfe schaffen soll, muss zunächst die Angst auf ihre innersten Wurzeln zurückverfolgt werden. Die aber liegen im Verhältnis des Menschen zu Gott, zum Mitmenschen und zu sich selbst.

Zu Gott; denn die tiefste Existenzangst entstammt der Befürchtung, von Gott zurückgestoßen und fallengelassen zu werden. Doch eben dieser Angst entreißt uns der, der uns mit dem neuen Gott beschenkt, dem Gott, der nicht mehr wie der Gott der gesamten Religionsgeschichte gefürchtet sein will, weil er von Jesus als der „Vater der Erbarmungen und Gott allen Trostes“ entdeckt und der geängsteten Menschheit nahegebracht wurde. Was dieser Gott anstelle von Furcht und Unterwerfung erwartet, ist das, was er selber gibt: vorbehaltlose Liebe. Selbst wenn unser Herz uns anklagt, können wir es an seinem liebenden Herzen beruhigen.

Doch diese Liebe ist unteilbar. Sie schließt alle und jeden, selbst den Gegner ein. Und damit überwindet sie die zweite Wurzel der Angst: die Angst, die befürchtet, dass sich der geliebte Partner von heute in den verhassten Gegner von morgen verwandelt. Diese Gefahr unterläuft die Liebe wiederum mit der Macht eines einzigen Wortes. Denn wer im anderen den „Nächsten" erkannte, sieht sich in ihm gespiegelt, und er weiß, dass er ihm deshalb der Nächste ist, weil es in dessen Leben um seinen eigenen Lebenssinn, sein eigenes Schicksal geht. In diesem Verhältnis findet die Angst keinen Einlass mehr.

Noch bleibt die Angst des Menschen vor sich selbst. Denn niemand ist seiner selbst vollkommen sicher, niemand kann ganz über sich verfügen, ganz für sich einstehen. In dieser Ungewissheit nistet die vielleicht gefährlichste aller Ängste. Doch auch sie ist gebannt durch die Zusicherung, dass wir „den Geist der Sohnschaft" empfangen haben und mit ihm ein Leben, das nicht täglich neu erkämpft und durchgesetzt werden muss, weil es der väterlichen Selbstzuwendung Gottes entstammt und sein Sinnziel nirgendwo anders als in seinem Herzen hat. Dorthin treibt uns der Gottesgeist in Gestalt des inwendigen Lehrers.

Doch damit tritt ein weit umfassenderes Krankheitsbild ins Blickfeld: die in mehr als einer Hinsicht pathologisch anmutende Kirchenkrise. Wer ihr auf den Grund geht, entdeckt als eine ihrer gravierendsten Ursachen die Ich-Schwäche des heutigen Christen. Ihm fehlt es trotz des Geredes von seiner Mündigkeit gerade an dem, was diese ausmacht: an Selbstvertrauen, Phantasie, Initiative, Verantwortungs- und Einsatzbereitschaft. So provoziert er eine überzogene Außensteuerung und damit das ganze Ungleichgewicht im kirchlichen Lebensgefüge. Wenn darin wirklich Abhilfe geschaffen werden soll, dann sicher nicht auf dem Weg von Aktionsprogrammen, sondern nur auf dem einer inneren Auferbauung. In sich selbst muss der Glaubende das Prinzip der Erneuerung entdecken: den „inwendigen Lehrer". Denn in ihm gewinnt er den Helfer zu dem von Jesus erschlossenen Gottesverhältnis, den Antrieb zum Gebet im Geist der Gotteskindschaft und sein in diesen gründendes Selbstverständnis. Doch in alledem bekundet sich immer nur aufs Neue, dass ein Vorgang von noch ungeahnter Tragweite in Gang kam: dass sich der Schrein der Vergegenständlichungen öffnete und dass Christus in den Seinen zu sich selbst erwacht.

Die „Neuzeit" des Glaubens

Das Christentum auf dem Weg zu sich selbst

Mit der Rede von der Neuzeit des Glaubens sei die Tatsache angezeigt, dass der glaubensgeschichtliche Prozess, nahezu synchron mit der in der Weltpolitik eingetretenen Wende und dem sich gleichfalls schon abzeichnenden kulturellen Umbruch, in eine neue, von der bisherigen deutlich unterschiedene Phase eingetreten ist. Die erste stand unverkennbar im Zeichen der kartesianischen Unterscheidung von „res extensa" und „res cogitans", bei der das erkennende Subjekt einer ihm „entgegengeworfenen" Welt von Gegenständen gegenüberstand. In religiöser Hinsicht entsprach dem ein Glaube, der sich als ein Glauben an sachhaft definierte Mysterien an das „Depositum fidei", verstanden als das Ensemble aller zu glaubenden Inhalte, verwiesen sah.
Doch diese starre Front löste sich, wissenschaftlich gesehen, auf, als die moderne Mikrophysik mit NILS BOHR und WERNER HEISENBERG an der Spitze erkannte, dass die kartesianische Trennung beim Eintritt in den subatomaren Bereich hinfällig wird, da die dort auftretenden Teilchen in einer Wechselbeziehung mit dem beobachtenden Subjekt erscheinen, das als solches in den als nichtobjektivierbar erkannten „Gegenstand" eingeht.[135]
Dem hatte allerdings schon NIETZSCHE vorgearbeitet, als er DESCARTES vorhielt, mit seiner Vorsicht zu spät gekommen und „im Fallstrick der Worte" hängengeblieben zu sein.[136] Damit verwies er einerseits auf jene unbewussten Vorgaben,

---

[135] C. F. VON WEIZSÄCKER, Atomenergie und Atomzeitalter, Frankfurt 1957, 59; dazu E. WASMUTH, Der unbekannte Pascal, Regensburg 1962, 242f.
[136] F. NIETZSCHE, Nachlass (Die Unschuld des Werdens II), § 176.

wie sie in seinem Gefolge durch FREUD dingfest gemacht wurden, als er im Zug seines Theorems von den drei Kränkungen – durch KOPERNIKUS, DARWIN und durch ihn selbst – den Nachweis erbrachte, dass das vermeintlich autonome Subjekt keineswegs Herr im Haus des eigenen Denkens ist; andererseits aber benannte er mit dem „Wort" den Schlüssel zu der von DESCARTES übersehenen Mitwelt, die von den Vertretern des dialogischen Prinzips, allen voran von MARTIN BUBER, entdeckt und der Es-Welt der sachhaften Gegenstände gegenübergestellt wurde. Das aber war die Dimension des personal Existiernden, die sich ähnlich wie die subatomare Teilchenwelt nur dem in eine Wechselbeziehung zu ihr Tretenden erschloss und als solche durch das Moment der Nichtobjektivierbarkeit gekennzeichnet war. Doch was entsprach dem auf Seiten des Glaubens?

Auf den einfachsten Nenner gebracht: der Sieg der Immanenzmethode über den kirchlich verordneten Extrinsezismus. Denn das Erste Vatikanum hatte die Meinung, der Glaube sei eine „blinde" Gemütsbewegung, mit der Versicherung zurückgewiesen, er sei vielmehr, bekräftigt durch Wunder und Weissagungen, mit der Vernunft kompatibel. Doch damit wurde die mittelalterliche Lehre von einem „intellectus fidei" wenn nicht verworfen, so doch suspendiert. Nur im Blick auf den Verweisungszusammenhang der Mysterien (mysteriorum ipsorum nexus) und in deren Rückbezug auf das Sinnziel des Menschen (cum fine hominis ultimo) könne, so gestand das Konzil schließlich zu, ein Verständnis der Glaubensgeheimnisse (mysteriorum intelligentia) gewonnen werden, niemals jedoch ein Einblick in ihren Sinngrund (instar veritatum). Ungeachtet dieses Zugeständnisses blieb der Glaube in dieser Sicht jedoch auf eine klar definierte Gegenständlichkeit bezogen und deshalb heteronom.

In den Konzilsaussagen bekundet sich unüberhörbar die Absage an eine ungenannte Gegenposition, die vor allem von MAURICE BLONDEL in seinem bahnbrechenden Werk „L'Action" (von 1893) entworfen worden war und zur Ausbildung der Immanenzmethode führte.[137] Für sie kann eine Gottesoffenbarung, die um des menschlichen Heiles willen erging, niemals als ein autoritativer „Ukas" aufgefasst werden, weil das ebenso ihrem Sinn wie der Würde des nach dem Sinn seines Daseins fragenden Menschen widerspräche. Als das – nach PASCAL – sich selbst unendlich überschreitende Wesen steht der Mensch stets vor dem Dilemma, entweder das von ihm angezielte „Gottsein" mit und durch Gott oder aber ohne und gegen ihn anzustreben. Wenn er dabei auf das Angebot der Offenbarung stößt, entscheidet sich dessen Akzeptanz für ihn an der Frage, ob er sich darin wiederfindet, gespiegelt und in seinem Frageverhalten beantwortet. Entscheidendes Kriterium sind jetzt nicht mehr die vom Konzil genannten „signa certissima" in Gestalt von Wundern und Weissagungen; an ihre Stelle tritt vielmehr ein Korrespondenzerlebnis, in dessen Vollzug der fragende Mensch sich von der Gottesoffenbarung angenommen, verstanden und beantwortet sieht.

Die Reaktion des kirchlichen Lehramts war so schroff, dass sich Blondel in ein jahrzehntelanges Schweigen zurückzog, das er als Erblindeter zwar in seinen späten Lebensjahren brach, aber nicht mit dem von ihm erwarteten Wort der Bekräftigung und argumentativen Vertiefung seiner Position. Indessen ging diese in die Lehre des Zweiten Vatikanums ein, insbesondere in dessen Schlussdokument, die Pastoralkonstitution „Gaudium et spes", die sich die Imma-

[137] E. SEITERICH, Wege der Glaubensbegründung nach der sogenannten Immanenzapologetik, Freiburg 1938, 45–57.

nenzmethode, ohne dass sie mit dem traditionellen Extrinsezismus förmlich gebrochen hätte, zueigen machte.
Ungleich stärker schlug dafür jedoch die Neuentdeckung Jesu zu Buche, die sich als die zentrale Spätfolge des Konzils herausstellte. Sie zeitigte nicht nur ein neues Verständnis seines für seine Botschaft ebenso wie für sein Schicksal bedeutungsvollen Sozialverhaltens, sondern insbesondere auch eine alle vorherigen Einsichten überbietende Erschließung seiner Bewusstseinsgeschichte und seines für den Christenglauben konstitutiven Offenbarertums. Dabei lag der Schwerpunkt auf der Fortbildung der Gottesverkündigung Jesu zur Lehrgestalt der kirchlichen Doktrin und insbesondere auf der kontrovers diskutierten Frage nach der Rolle der Auferstehung Jesu in diesem Umformungsprozess. Es war eine der herausragenden Leistungen des Neutestamentlers Anton Vögtle, dass er den Übergang vom verkündigenden Jesus zum verkündigten Christus in akribischer Ableitung bis in die christologischen Spitzenaussagen verfolgte, in denen er als die unüberbietbare Kulmination der Gottesoffenbarung begriffen wurde: „Sie explizieren jene Gottunmittelbarkeit, die dem vollmächtigen Sendungsanspruch Jesu, als abschließender Offenbarer die endzeitliche Heilsaktion Gottes einzuleiten, zugrunde liegt und allein diesen unerhörten Anspruch zu erklären vermag." [138]
Was außerhalb dieses Gesichtskreises lag, war jedoch die Tatsache, dass die von Jesus in diesem Kontext gemachten Präexistenzaussagen und die ihm zugelegten Hoheitstitel in ihrer Konsequenz zu eben jener Vergegenständlichung der Glaubensinhalte führten, denen sich das Zweite Vatikanum, zumindest indirekt, durch seine Zustimmung zur Imma-

---

138 A. Vögtle, Der verkündigende und verkündigte Jesus „Christus", in: J. Sauer (Hrsg.), Wer ist Jesus Christus?, Freiburg 1977, 91.

nenzmethode widersetzte. Insofern ergab sich der paradoxe Fall, dass das Konzil seine Interpretation sachlich überschritt. Diese Paradoxie aber bestätigt deutlicher als jede thematische Bekundung, dass der Gang der Glaubensgeschichte jenen Wendepunkt erreichte, der die Rede von der nunmehr anbrechenden „Neuzeit des Glaubens" rechtfertigt, sofern darunter nur der *Übergang von der Heteronomie zum Dialog* verstanden wird, den das Konzil nicht umsonst zum Prinzip seines Denkens erhoben hatte. Was hat es mit diesem Übergang auf sich, und was spricht über die erwähnte Paradoxie hinaus an positiven Daten dafür?

Es ist, wie nunmehr verdeutlichend gesagt werden kann, die Wende von der gegenständlichen Außensicht zur mystischen Innensicht der Glaubensmysterien, die insofern einer Kehre der gesamten bisherigen Glaubensgeschichte gleichkommt, als diese schon am Ende der Patristik, erst recht aber in der Theologie der Folgezeit auf eine vergegenständlichende Festschreibung der Glaubensgeheimnisse hinauslief. Dass damit eine Grenze erreicht war, wird durch drei Umstände belegt.

Zunächst schon dadurch, dass der Glaube bei jeder weiteren Verfestigung in die für ihn tödliche Gefahrenzone der Ideologisierung geraten würde. Wenn man sich vergegenwärtigt, dass Ideologien der Nichthinterfragbarkeit unterliegen und zudem einem Interpretationsverbot unterworfen sind, wird deutlich, wie nah die Glaubensentwicklung dieser Gefahrenzone bereits gerückt war. Geradezu dramatisch wurde diese Gefahr noch dadurch erhöht, dass ein in die Nähe der Ideologie geratener Glaube den mit Ideologien operierenden Diktaturen dieses Jahrhunderts nichts Entscheidendes entgegenzusetzen hatte. Insofern war auch aus zeitgeschichtlichen Gründen die das Ende des bisherigen Glaubenskonzepts signalisierende Wende angesagt.

Sie war es aber außerdem aufgrund der Tatsache, dass dem Gegenstandsglaubenden das widerfuhr, was LUDWIG WITTGENSTEIN mit dem bekannten Satz zum Ausdruck brachte: „Die Ergebnisse der Philosophie sind die Entdeckung irgendeines schlichten Unsinns und Beulen, die sich der Verstand beim Anrennen an die Grenze der Sprache geholt hat. Sie, die Beulen, lassen uns den Wert jener Entdeckung erkennen.“ [139]

Die „Beulen“, die sich der Gegenstandsglaube beim Anrennen an die ihm durch die Verneinung eines „intellectus fidei“ gezogene Grenze holt, bestehen in den Aporien, in die er sich dann bei jedem Schritt auf dem Weg des Credo verstrickt. Im Fall des Schöpfungsglaubens ist es das Theodizeeproblem, verstanden als das der Vereinbarkeit von Gottes Güte mit dem uferlosen Leid der Welt. Im Fall des Inkarnationsglaubens ist es das ebenso oft wie ergebnislos diskutierte Problem der Jungfrauengeburt. Im Fall des Passionsglaubens ist es die Aporie, in die er durch die traditionelle Satisfaktionsvorstellung in ihrer Unvereinbarkeit mit dem Gottesbild Jesu gerät. Im Fall des Osterglaubens ist es die unlängst erneut ausgebrochene Diskussion um den Verbleib des Leichnams Jesu und das leere Grab. [140] Im Fall des Parusieglaubens ist es schließlich die zwiespältige Vorstellung von einem besonderen und allgemeinen Gericht. [141] Wie von WITTGENSTEIN im Blick auf die philosophischen Grenzprobleme angenommen, handelt es sich auch hier durchweg um Scheinprobleme, die nur dadurch zustandekommen, dass

---

[139] L. WITTGENSTEIN, Philosophische Untersuchungen, § 119.

[140] Angespielt ist damit auf die durch GERD LÜDEMANN entfesselte Diskussion: Die Auferstehung Jesu. Historie, Erfahrung, Theologie, Göttingen 1994; dazu U. WILCKENS, Hoffnung gegen den Tod. Die Wirklichkeit der Auferstehung Jesu, Neuhausen 1996.

[141] G. L. MÜLLER, Katholische Dogmatik für Studium und Praxis der Theologie, Freiburg 1996, 560f.

Lösungen durch Akte der Grenzüberschreitung gesucht werden anstatt auf dem Weg, auf den sich der Glaube durch Beachtung der Grenze verwiesen sieht. Das aber ist eindeutig der Weg, der in die Innensicht der Mysterien führt, wo sie als die unterschiedlichen Brechungen des von der Liebe Gottes in das Dunkel des Denkens geworfenen Lichtes ersichtlich werden.[142] Dort erweist sich der Versuch, Gott vor dem Forum der kritischen Vernunft zu rechtfertigen, als sinn- und gegenstandslos; dort verbietet sich jede physiologische Hinterfragung der Inkarnation; dort erweist sich die traditionelle Funktionalisierung des Kreuzestodes als seiner Würde unangemessen; dort klärt sich, warum der Glaube von der „Auferstehung von den Toten" anstatt „aus dem Grabe" spricht, und dort verblasst die exoterische Rede vom Gericht vor der esoterischen Innensicht des „letzten Kapitels von der Geschichte der Welt" (KLEIST), die Paulus durch seine endzeitliche Vision des „Gott alles in allem" eröffnet (1 Kor 15,28).

Der entscheidende Beweggrund der Glaubenswende kann jedoch nur im Geglaubten selbst angenommen werden. Tatsächlich sprechen erste Symptome dafür, dass der von VÖGTLE nachgezeichnete Prozess, der den Botschafter zur Botschaft werden ließ, nicht nur sein Ende erreichte, sondern am Anfang seiner Inversion in die Gegenrichtung steht. Deutlicher kann die Zäsur, die den Umbruch von der „Vorzeit" zur „Neuzeit" des Glaubens bezeichnet, kaum markiert werden. Dazu gehört dann freilich auch, dass von ihr eher in Desideraten als in Form von Feststellungen gesprochen werden muss. Ihren tragfähigen Grund hat diese Redeweise in der Beobachtung, dass in dem auf den Johannesprolog zurückblickenden Eingangswort des Ersten Johannesbriefs

---

[142] Dazu nochmals das auf Seite 117–124 Gesagte.

bereits von einer derartigen Inversion die Rede ist, wenn von dem zum Inbegriff des Offenbarungswortes und zum Glaubensobjekt Erhobenen gesagt wird, dass er sich auf neue Weise vernehmen, sehen und fühlen ließ.
Vom Wie dieser Selbstbekundung kann nach Lage der Dinge gleichfalls nur in Form von Mutmaßungen und Hoffnungen die Rede sein, auch wenn die im Wir-Stil redenden Verfasser des Eingangswortes versichern, das „Uranfängliche" tatsächlich gehört, geschaut und gefühlt zu haben. Mit der Wendung „was von Anfang an war" lassen sie die Frage nach dem Urheber ihrer Erfahrung zuletzt aber doch in der Schwebe. Ihren Gipfel erreicht diese Sprache der Desiderate und Mutmaßungen in dem Versuch, die Form der Selbstbekundung, die das Eingangswort bezeugt, genauer zu fassen. Er muss mit der Bestimmung ihres „Ortes" einsetzen, der nur in einem spirituell vertieften Glauben bestehen kann. Hier, im Glauben, will, wenn irgendwo, der Geglaubte aus dem Schrein seiner Vergegenständlichung hervortreten, um nicht mehr in Sätzen über ihn, sondern durch sich selbst und die Weise, wie er sich erfahren lässt, kennengelernt zu werden. Doch wie?
Das in dieser Hinsicht besonders aufschlussreiche Johannesevangelium antwortet darauf mit den Bildworten vom Kommen und Bleiben des Erhöhten in den Herzen der Seinen, vor allem aber mit der Versicherung, dass sie sein Geist über alles belehren und sie an alles erinnern werde, was er ihnen in seinem Erdenwirken mitgeteilt habe.[143]
Wenn man versucht, das Einwohnungsmotiv mit dem der Belehrung zu verknüpfen, sieht man sich zu der Folgerung geführt, dass das neuerliche „Lehren" des zur Lehre Verge-

[143] Dazu die instruktive Untersuchung von Jürgen Heise, Bleiben. Menein in den Johanneischen Schriften, Tübingen 1967.

genständlichten zunächst und grundsätzlich darin besteht, dass er, augustinisch ausgedrückt, zum „inwendigen Lehrer“, dem magister interior, wird.[144] Doch damit ist erst eine Teilauskunft gegeben. Denn es bleibt noch immer die Frage, wie sich dieser inwendige Lehrer zu verstehen gibt. Da dies prinzipiell in der Form geschieht, dass er aus der Position des Glaubensobjekts hervortritt, wird seine elementarste Äußerung darin zu sehen sein, dass er mitvollziehend in den Glaubensakt eingeht. Darum weiß schon der Märtyrerphilosoph IGNATIUS VON ANTIOCHIEN, wenn er der von ihm auf seinem Todesweg angeschriebenen Gemeinde von Smyrna – in Anspielung auf ein Herrenwort (Lk 12,8) – versichert: „Es wird sich eurer nicht schämen der lebendige Glaube, Jesus Christus“ (10,2).

Hier wird der als Glaubensgegenstand Angesprochene, wenngleich jenseitig, initiativ, sofern er als der kommende Menschensohn diejenigen vor dem Angesicht seines Vaters nicht verleugnet, die sich unter der Todesdrohung der Verfolgung zu ihm bekannt haben. Es kommt nun darauf an, diese trotz ihrer Dynamik noch immer bildhaft-gegenständliche Jenseitsaussage in eine den Glaubensakt betreffende und zudem präsentische Innerlichkeitsaussage zu verwandeln. Das könnte mit Hilfe des Satzes geschehen, der den Glauben an den als Inbegriff der Gottesoffenbarung verstandenen Jesus in eine Beziehung zu dessen Selbstverständnis setzt und daraus folgert: *Der Glaube an ihn ist sein Selbstbewusstsein in den Glaubenden.*

Vorausgesetzt ist dabei, dass sich der Identifikationsakt Jesu gegensinnig zu dem „natürlichen“ und allgemein getätigten darstellt. In diesem wird die Identität auf dem Weg der Abgrenzung von anderen und anderem, also von der Mit-

---

[144] Dazu nochmals das im vorangehenden Kapitel Gesagte.

und Sachwelt, gewonnen. Jesus wird umgekehrt auf dem Weg der Selbstentäußerung und Selbstübereignung er selbst. Schon in der Tischgemeinschaft mit den „Erniedrigten und Beleidigten“ (DOSTOJEWSKIJ) seiner Zeit ist er das „Brot“, das sie mit neuem Vertrauen und Selbstbewusstsein erfüllt. Erst recht verdeutlicht er mit dem Gestus des Brotbrechens beim Abschiedsmahl, auf welche Weise er nach seinem Kreuzestod in ihnen auf- und fortleben will. Und schließlich muss sein Todesschrei im Sinn der paulinischen Kreuzestheologie als der Geburtsschrei begriffen werden, mit dem er sein mystisches Fortleben in den Seinen beginnt. Nicht umsonst steht in der Johannespassion Maria mit dem die Gemeinde verkörpernden Lieblingsjünger unter dem Kreuz, in dem sie ihren Sohn nun endgültig als den in den Seinen Fortlebenden empfängt. Für Paulus fasste das der Neutestamentler ALFRED WIKENHAUSER in den für das Verständnis des Apostels grundlegenden Satz: „Der für mich am Kreuz Gestorbene führt nunmehr in mir als Auferweckter sein Leben.“ [145] Es ist das Leben, von dem Paulus dann selbst im Schlüsselsatz seiner Christusmystik bekennt: „Ich lebe; doch nicht ich – Christus lebt in mir.“

Christus hat seine Lebensakte übernommen, so dass sein Wissen ein Erkanntsein durch ihn, sein Wollen ein Bewogensein durch ihn und seine Liebe, wie im Sinn der Kritik MARTIN BUBERS zu sagen ist, ein Geliebtsein durch ihn besagt. [146] Doch dadurch erfährt das vom Glauben bestimmte Denken

[145] Dazu die Stellenangabe auf Seite 148.

[146] BUBER wirft in „Zwei Glaubensweisen“ Paulus vor, dass er zwar oft von der Liebe Gottes zum Menschen redet, der Liebe des Menschen zu Gott aber nur selten gedenke, und dass man an den wenigen Stellen, an denen davon die Rede sei, den Eindruck gewinne, dass in der Liebe des Apostels Gott der eigentlich Liebende sei. Mit diesem kritischen Einwand trifft Buber jedoch den mystischen Kern dessen, was von der Liebe des Menschen zu Gott grundsätzlich gilt.

eine ungewollte Erweiterung. Denn es wird einbezogen in das Bewusstsein des Geglaubten. Dieses inspirierende Einbezogen- und Eingeschlossensein verdeutlicht Paulus mit der für ihn grundlegenden Formel „in Christus", welche die Glaubenden wie eine sie gleicherweise motivierende wie bewahrende Sphäre umschließt.[147] Sie aber ist, wie EDUARD SCHWEIZER deutlich machte, ihrerseits nur die formelhafte Fassung dessen, was Paulus mit dem ungleich plastischeren Bildbegriff des mystischen Leibes bezeichnet.[148] Wie es dann die Paulusschule zum Ausdruck bringt, ist dieses „Corpus mysticum" der wahre Denk- und Lebensraum der Glaubenden, die sie in sich aufnehmende und bergende spirituelle „Lebenswelt", die sie so intensiv auf das „Haupt" bezieht, dass sie durch seine Wirkmacht geeint, belebt, inspiriert, gestärkt und zur liebenden „Tätigung" ihres Glaubens bewogen werden.

Für den aktuellen Stand der glaubensgeschichtlichen Entwicklung ist es höchst symptomatisch, dass der vor der Jahrhundertmitte in den Vordergrund getretene Leib-Christi-Gedanke im Zweiten Vatikanum durch das Bild des wandernden Gottesvolkes überlagert und dadurch um seine bewusstseinsbildende Effizienz gebracht wurde. Doch dadurch entstand eine womöglich noch weit bedenklichere Diastase als diejenige, die, eher oberflächlich, durch das Missverhältnis von kirchlicher Doktrin und aktueller Glaubenserwartung aufgetreten war. Denn diese könnte durch eine einfühlsame Selbstkorrektur des Lehramts behoben werden; jene rührt jedoch an den spirituellen Lebensstrom,

---

[147] A. DEISSMANN, Paulus. Eine kultur- und religionsgeschichtliche Skizze, Tübingen 1925, 125–143.

[148] E. SCHWEIZER, Jesus Christus im vielfältigen Zeugnis des Neuen Testaments, München u. Hamburg 1968, 114.

dessen inspirierende und insinuierende Fluktuation nur im Bewusstseinsraum des Mystischen Leibes gewährleistet ist. Umgekehrt muss die nach deutlichen Anzeichen einsetzende Rückbesinnung auf das Mysterium des „Corpus mysticum" als ein Symptom erster Ordnung dafür gewertet werden, dass die zur Neuzeit des Glaubens führende Wende tatsächlich in Gang gekommen ist. Sie ist nicht zuletzt daran zu ersehen, dass sich die Entdeckung der paulinischen Christusmystik durch SCHWEIZER und WIKENHAUSER gegen deren Verdrängung in den Paulusbüchern von BORNKAMM und LOHSE in der jüngsten Rezeption aufs Neue siegreich durchzusetzen beginnt.[149] Die Analyse des paulinischen Osterzeugnisses, das der Apostel dreifach, in akustischer, optischer und haptischer Version erstattet, zeigt unwiderleglich, dass er als der die ganze Folgezeit bestimmende Initiator der christlichen Mystik zu gelten hat.[150] Und seine Mystik erreicht ihren Kulminationspunkt darin, dass sie ins Zentrum des Identitätsproblems vorstößt, das nach seinem Verständnis ebenso das Christentum wie den glaubenden Menschen betrifft. Was diesen anlangt, so versichert er, dass „Leben" ihm soviel wie „Christus" bedeutet (Phil 1,21) und dass er deshalb im Glauben an den Gottessohn lebe, von dem er sich bis zur Hingabe seiner selbst geliebt weiß (Gal 2,20). In der Lebensgemeinschaft mit Christus besteht für ihn aber auch die Identitätsmitte des Christentums. Ihm in den sich vor ihm ausbreitenden Missionsfeldern zur Geltung zu

---

149 A. SCHWEITZER, Die Mystik des Apostels Paulus, Tübingen 1930; A. WIKENHAUSER, Die Christusmystik des Apostels Paulus, Freiburg 1956; G. BORNKAMM, Paulus, Stuttgart 1977, 44f; E. LOHSE, Paulus. Eine Biographie, München 1996, 211; danach war, wie der Autor dezidiert feststellt, Paulus „kein Mystiker".

150 CH. DIETZFELBINGER, Die Berufung des Paulus als Ursprung seiner Theologie, Neukirchen–Vluyn 1989, 51–64; E. BISER, Paulus: Zeuge, Mystiker, Vordenker, München 1992, 179–199.

verhelfen, ist für ihn deshalb gleichbedeutend mit der Bemühung, ihm alles, was sich gegen seine Botschaft als Boll- und Netzwerk erhebt, zu unterwerfen (2 Kor 10,4f) und dies sogar ohne Rücksicht darauf, ob andere Missionare das gleiche Ziel wie er aus guter oder aus selbstsüchtig-polemischer Absicht verfolgen (Phil 1,15–19).

Paulus sieht den Menschen somit in jener Schicksalsgemeinschaft mit dem von ihm proklamierten Christentum, die heute nachgerade zu seiner Lebens- und Überlebensfrage zu werden beginnt. Denn offensichtlich laborieren beide an einem Defizit, das sich auf ihre Identität bezieht. Der Mensch, sofern die in der Romantik ausgebrochene Identitätskrise heute, nicht zuletzt infolge der sozialen und kulturellen Erosionsprozesse der Gegenwart, epidemisch geworden ist. Er ist sich selbst abhandengekommen. Zwar liegt ihm noch viel an Prestige und Gewinn, doch kaum noch an ihm selbst. Ebenso werden, meist sogar in ökumenischer Absicht, die Differenzen der Weltreligionen verwischt; dies jedoch nicht selten aufgrund eines defizienten Wissens um das tragende Formprinzip, das nur in der spezifischen Sicht des Gottesgeheimnisses bestehen kann. Hier manifestiert sich, vor allem in der kirchlichen Disziplin und Lebenspraxis, ein bestürzender Rückstand gegenüber der Gottesverkündigung Jesu, der im Interesse einer effizienten Selbstdarstellung des Christentums mit allen Mitteln aufgeholt werden muss. [151]

Wenn man bedenkt, dass es dabei, wie im Fall der auf Angstsuggestionen gestützten kirchlichen Disziplin oder der auf ein zwiespältiges Gottesbild zurückweisenden Satisfaktionsvorstellung, um Auffassungen geht, die bis in die Spät-

---

151 Dazu das Kapitel über den Gott Jesu Christi in meiner Schrift „Überwindung der Lebensangst", 63–80.

schichten des Neuen Testaments zurückweisen, erscheint der Erfolg der auf eine Korrektur abzielenden Anstrengungen zweifelhaft. Indessen manifestiert sich gerade hier ein weiteres, wenngleich eher negatives Symptom der glaubensgeschichtlichen Wende. Gemeint ist damit der eklatante Schwund des Sündenbewusstseins, das der Drohpädagogik den Boden entzieht, und das bei vielen im gleichen Sinn wachsende Unvermögen, das Konstrukt der Satisfaktions- und Rechtfertigungstheorie glaubend nachzuvollziehen.[152] Das alles würde freilich als Gegengewicht nicht ausreichen, wenn nicht ein zusätzliches Motiv in die Waagschale fiele: das um sich greifende Wissen um den von Jesus entdeckten und gegen den todbringenden Widerstand seiner Zeitgenossen verkündeten Gott, den Gott der bedingungslosen Liebe. Hierin kündigt sich ein religiöser Pradigmenwechsel (Küng) von noch ungeahnten Konsequenzen an. Denn diese Liebe, die Georg Baudler dort aufleuchten sah, wo sich nach traditioneller Auffassung das Sühnopfer für die Schuld der Menschheit vollzog, ist dazu angetan, alle Verhältnisse auf eine neue Basis zu stellen: Das Verhältnis des Menschen zu seinem nun nicht mehr zu fürchtenden Gott, nicht weniger aber auch sein Verhältnis zu dem fortan in seiner Spiegelbildlichkeit wahrgenommenen Mitmenschen, und nicht zuletzt sein Verhältnis zu sich selbst, da ihm erst die Erfahrung seines bedingungslosen Angenommen- und Geliebtseins zur „Annahme seiner selbst" (Guardini) verhilft. Evident wird diese Einsicht jedoch erst unter der Voraussetzung, dass der angesprochene Paradigmenwechsel nicht die Folge einer situativ bedingten Perspektivendrehung, sondern einer mystischen Initiative ist, durch die der Geglaubte selbst auf ein tieferes Verständnis der Mysterien und seines

---

[152] Näheres dazu in meiner „Glaubensprognose", 151–160.

eigenen Lebensgeheimnisses hinwirkt. Denn der Glaube an ihn ist, wie sich immer deutlicher zeigt, der Reflex seines Selbstbewusstseins in den an ihn Glaubenden.[153]

[153] G. BAUDLER, Töten oder Lieben. Gewalt und Gewaltlosigkeit in Religion und Christentum, München 1994, 243–294; R. GUARDINI, Gläubiges Dasein – Die Annahme seiner selbst, Mainz und Paderborn 1993, 7–31.

Register

M

N

O

P

Der Königsweg der Angstüberwindung

Eugen Biser
Überwindung der Lebensangst
Wege zu einem befreienden Gottesbild
kartoniert, ISBN 3-7698-0836-3

Warum glauben wir? Warum lassen wir uns überhaupt auf das geistige Risiko des Glaubens ein? Was versprechen wir uns davon?
Gefragt ist also nach dem „Mehrwert", den der Glaube gegenüber einer rein rational orientierten und weltlich ausgelegten Lebensform erbringt; gefragt ist die vom Glauben zu erhoffende Chance nach einer Optimierung der Existenz und der Lebensverhältnisse, die Hoffnung auf mehr Einsatz, Menschlichkeit und Glück.
Immer mit Blick auf die gegenwärtige Glaubens- und Existenzkrise weist Eugen Biser vor allem anhand der identitätsstiftenden Lebensleistung Jesu und seiner Gottesverkündigung das Christentum als den Königsweg der Angstüberwindung und damit der Lebenshoffnung aus.